Die Reihe »Spirituelle Wege« präsentiert essentielle Texte aus verschiedenen Zeiten, Kulturen und Religionen. Alle Titel verbindet eine gemeinsame Botschaft: Der Grund unseres Universums ist eine umfassende liebende Kraft, die unser Begriffsvermögen übersteigt und der wir uns daher nur durch partielle spirituelle und geistige Erkenntnisse nähern können.

Die vorliegenden Weisheitsbücher entstammen folgenden Kulturen und Religionen: Konfuzianismus, Hinduismus, Christentum, Judentum und Islam. Als Klassiker der Spiritualität sprechen neun Bände dieser Reihe unseren Geist und unsere Seele an. Damit aber auch der Körper, »das Haus des Geistes«, genährt wird, enthält »Spirituelle Wege«, stellvertretend für andere körperorientierte Techniken, ein Buch über Qi-Gong. Wenn wir uns im Grenzbereich zwischen Körper und Geist bewegen, stellen wir fest, daß Materie und Geist keine Gegensätze sind, sondern verschiedene Ausdrucksebenen *einer* Kraft.

Mit dieser Pocketreihe wünschen wir Ihnen gute Reise auf *Ihrem Weg*.

SPIRITUELLE WEGE

Herausgegeben von Gerhard Riemann

Joachim Pongratz

QI-GONG IM ALLTAG

Leichte altchinesische
Übungen für Gesundheit
und Vitalität

Knaur®

Die in diesem Buch beschriebenen Übungen sollten mit Vorsicht und niemals unter Zeitnot ausgeführt werden.
Autor und Verlag sind für keinerlei Folgen verantwortlich, die durch unrichtige, unzulängliche oder übertriebene Anwendung der beschriebenen Methoden entstehen.

Dieses Buch wurde auf chlor- und säurefreiem Papier gedruckt.

Originalausgabe September 1994

Umschlaggestaltung Graupner & Partner, München
Umschlagabbildung AKG, Berlin
Illustrationen Johannes Fleischer, München
Satz DTP ba · br
Druck Himmer, Augsburg
Bindung AIB, Augsburg
Printed in Germany
ISBN 3-426-86075-9

2 4 5 3 1

Inhalt

Das abgebildete chinesische Schriftzeichen
ist das alte Zeichen für Qi.
Großmeister Zhi-Chang Li hat es zum
Emblem für seine Schule gewählt.
Der obere Teil des Zeichens heißt soviel
wie »Leere, Nichts«,
der untere (die vier Striche) »Feuer«.
Ich möchte mich an dieser Stelle für sein
freundliches Einverständnis zur Verwendung
in diesem Buch bedanken.

Vorwort

Lange Zeit habe ich mit mir gekämpft, ob ich der fast unübersehbaren Zahl von Veröffentlichungen über Meditation, Entspannung, Yoga, autogenes Training etc. noch ein Buch über Qi-Gong hinzufügen soll. Ausschlaggebend waren dann, wie schon so oft, einige meiner Patienten, die mich ermuntert haben, die bisher nur als Einzelblätter vorliegenden und in der Praxis bewährten Übungsanleitungen zusammenzufassen und zu ergänzen.

In unserer schnellebigen Zeit ist für viele Menschen die tägliche Fahrt im öffentlichen Verkehrsmittel oder im Auto eine zusätzliche Anstrengung, ein Zeitverlust an einem ohnehin streßreichen Tag. Das muß nicht so sein. Wem es gelingt, Qi-Gong in diese Zeiten einzubauen, der verläßt das öffentliche Verkehrsmittel nicht nur deutlich frischer, sondern er stabilisiert auch langfristig seine Gesundheit und hat eine reelle Chance, seine Lebensspanne nicht durch Krankheit zu verkürzen. Auch während Besprechungen, in Konzerten, beim Fernsehen etc. bieten sich genügend Gelegenheiten, Qi-Gong zu üben.

Charakteristisch für viele Übungen des Qi-Gong ist:

- Die Übungen sind Jahrtausende alt und entsprechend ausgereift.
- Sie sind, entsprechend den chinesischen Verhältnissen, auch in Menschenmengen zu üben.
- Sie sind ganz einfach und an keine bestimmte Körperhaltung gebunden und können im Sitzen, Stehen oder Liegen gemacht werden.

Mein Lehrer, Qi-Gong-Großmeister Zhi-Chang Li, hat mir in geduldiger, liebevoller Unterweisung eine große Anzahl unterschiedlicher Übungen, vor allem des »stillen Qi-Gong«, vermittelt. Für Sie habe ich diejenigen ausgewählt, die ohne Vorkenntnisse ganz einfach geübt werden können und für die nicht die Teilnahme an einem Seminar oder Kurs Voraussetzung ist. Ich möchte aber nicht verhehlen, daß ich es für ungleich einprägsamer und letztlich sinnvoller halte, die Übungen wenigstens einmal mit einem Lehrer durchzugehen und dann mit dem Buch weiterzuarbeiten.

Ich halte nichts davon, eine möglichst große Zahl von Übungen zu lernen. Am besten, man wählt einige wenige aus und praktiziert diese so oft und intensiv, bis das Qi sich von selbst in Bewegung setzt, sobald man sich etwas entspannt und an die Übung denkt. Das ist nicht nur effektiver, sondern auch befriedigender.

Wirklich Großes ist nie kompliziert, und jede dieser Übungen, so einfach sie auch auf den ersten Blick erscheinen mag, birgt Aspekte der Erleuchtung.

Ich werde versuchen, jede Übung als in sich abgeschlossenes Ganzes zu beschreiben. So sind natürlich Wiederholungen unvermeidlich, aber das Verfahren ist gerade zur schnellen Orientierung besser geeignet.

Selbstverständlich sind die Übungen nicht nur für Wartezeiten oder nebenbei gedacht. Wenn Sie sie in der Ruhe Ihrer Wohnung oder in der freien Natur machen, werden Sie viel tiefer in den Qi-Gong-Zustand kommen, jenen Zustand zwischen Schlafen und Wachsein, zwischen Dasein und Nichtdasein, und die Übungen werden sehr viel tiefer und wirkungsvoller. Für Leser, die so üben möchten, habe ich die Übungen möglichst genau und auch ihre eventuellen Nebenwirkungen beschrieben. Wer also mit dem Buch tiefer einsteigen möchte, kann es durchaus. Je weiter man in das Qi-Gong eindringt, desto schwieriger wird es allerdings ohne kompetenten Lehrer.

Manchmal können Tonkassetten eine gute Hilfe beim Üben sein. Es gibt eine empfehlenswerte Kassette zum *Kleinen Energiekreislauf* und zur *Pflege des Qi,* deren Bezugsquelle im Anhang angegeben ist. Wie Sie feststellen werden, bespreche ich vor allem den *Kleinen Energiekreislauf* besonders eingehend. Er stellt die taoistische Grundübung schlechthin dar und ist sozusagen ein Allheilmittel, vor allem bei chronischen Krankheiten. Ihn möchte ich Ihnen besonders ans Herz legen.

Über kurz oder lang werden Sie auch bemerken, daß der Genuß von Alkohol viel Qi kostet. Wenn Sie Qi-Gong üben wollen, um langfristig fit zu bleiben, rate ich Ihnen, den Alkoholgenuß stark einzuschränken oder ganz auf ihn zu verzichten. Bei einem großen Treffen von über hundert Schülern des Meisters Li ist mir aufgefallen, daß lediglich zwei ein Glas Wein getrunken haben, alle anderen waren mit Mineralwasser, Apfelsaft und ähnlichem zufrieden und fröhlich.

Über die Frage, inwieweit Sex Qi kostet oder

ob man die sexuelle Energie für sich nutzbar machen kann, gehen die Meinungen verschiedener Qi-Gong-Meister auseinander. Während Mantak Chia in seinem Buch »Tao Yoga der Liebe« ganz eingehend verschiedene Techniken beschreibt, wie man die sexuelle Energie nutzen kann, hält Meister Li dies für den »Weg durch die Hintertür« und nicht den »korrekten Weg«. Wenn Sie also trotz vielen Übens keine Fortschritte spüren sollten, verlieren Sie vielleicht zu viel Qi durch Sex.

Selbstverständlich können die vorgestellten Übungen so unauffällig geübt werden, daß niemand bemerkt, wenn Sie während der Fahrt zur Arbeit oder der Mittagspause auf der Parkbank Qi-Gong anwenden.

Da dieses Buch nicht nur für Laien gedacht ist, sondern auch für Leser, die sich schon mit chinesischer Medizin beschäftigt haben, werden vielleicht manchmal Begriffe auftauchen, die Sie noch nicht kennen. Die entsprechenden Erklärungen finden Sie im Glossar.

Ich wünsche Ihnen viel Freude und Gesundheit und stehe Ihnen – neben den im Anhang angegebenen Freunden aus Meister Lis Schülerkreis – gerne mit Rat und Tat zur Seite.

Was ist Qi-Gong?

Geschichtliche Aspekte

Die Bezeichnung stammt aus der Zeit der »Großen Proletarischen Kulturrevolution«, in der seit 1966 die Meister in China verfolgt und auch hingerichtet wurden. Die Übungen und Praktiken sind teilweise Jahrtausende alt.

Die Frühform des Qi-Gong waren Gebete zu Himmel und Erde um Hilfe. Vor etwa 7000 Jahren fand in China eine große Klimaveränderung statt, und die Menschen entwickelten Techniken und Körperübungen, um sich ihr anzupassen. Seit Beginn der chinesischen Schrift, vor etwa 3000 Jahren, wurden rund 4000 verschiedene Qi-Gong-Übungen aufgezeichnet. Jede Kaiserdynastie hatte spezielle Übungen, und mit dem Untergang der einzelnen Dynastien verschwanden häufig auch die Übungen in der Versenkung. Es gab und gibt eine große Anzahl verschiedener Schulen, Meister und Richtungen. Obwohl Qi-Gong etwas ganz anderes und viel mehr ist als eine Atemtechnik, wurde es, bedingt durch die Verfolgungen seitens des kommunistischen Regimes zu einer solchen erklärt, um das Überleben zu sichern.

> Qi-Gong ist vor allem ein Training der Vorstellung und des Geistes

Qi

hat im Chinesischen viele Bedeutungen: Luft, Gas, Atem, Lebenskraft, Energie, Dampf des Getreides. Im Qi-Gong bedeutet es den »feinsten Stoff im Kosmos«. Der gesamte Kosmos enthält Qi. Qi ist der Stoff in den Nahrungsmitteln, der das Leben erhält. Er ist sehr hochwertig, man kann ihn nicht sehen, riechen, tasten, allerdings im Körper erspüren. Die Nahrungsmittel nehmen das Qi aus der Natur auf. Der Mensch kann es mit den Nahrungsmitteln, der Luft, oder auch direkt aus dem Kosmos aufnehmen. In früheren Zeiten der Menschheitsgeschichte geschah die Nahrungsaufnahme nicht regelmäßig, weshalb die Menschen lernen mußten, Qi direkt aus dem Kosmos aufzunehmen. Wegen des falschen Gedankenganges, man könne Qi nur durch Nahrungszufuhr aufnehmen, aßen die Menschen im Laufe der Geschichte immer mehr. Das Qi des Kosmos wird im Körper transformiert. Jede Art von Lebewesen hat ihre spezielle Art, Qi mit der Natur auszutauschen. Luft und Qi sind also nicht das Gleiche. Qi ist die Materie, die alle vitalen Bewegungen antreibt und die Transformationsprozesse im Körper bewirkt.

Qi hat etwas mit Energie zu tun. Das Qi wird durch die Vorstellung gelenkt, bewegt und verändert. Die Vorstellung ist sozusagen das Vehikel des Qi.

Die physikalisch erklärbare Masse Körper ist eine Verdichtung des Qi. Das zusammengeballte Qi ist keine statische Angelegenheit, es transformiert und bewegt sich ständig. Qi ist der Urgrund des Lebens. Qi ist so klein, daß es nicht teilbar ist und keinen Inhalt mehr hat, und so groß, daß es keine Grenzen hat.

Gong

bedeutet erstens feste Übungsregeln, um Qi aufzunehmen, und zweitens die Zeit, in der man Qi aufnimmt. Es ist also eine Fähigkeit, die man mit einer Methode in einer bestimmten Zeit erlernt.

Qi-Gong

heißt, mit einer bestimmten Methode in einer bestimmten Zeit Qi aufnehmen, um sich gesund zu erhalten. Durch Qi-Gong kann man zur Erleuchtung kommen. Den Weg, wie man die Erleuchtung zustande bringt, muß jeder für sich selbst finden. Durch Qi-Gong vermehrt man seine Fähigkeiten, stärkt die Körperkräfte und kann die Lebensspanne verlängern. Man kommt zum Verständnis der Urgründe des Lebens und zur Kenntnis der Welt und des Körpers.

Auf der körperlichen Ebene wirkt das Üben von Qi-Gong wie die Einnahme einer heilsamen Medizin, da im Qi alle Heilkräfte enthalten sind.

Vorbemerkungen zu den Übungen

Es gibt »offene« und »geschlossene« Qi-Gong-Übungen. Bei den offenen Übungen wird Qi bewußt aus dem Kosmos und der Erde im Körper aufgenommen. Die geschlossenen Übungen bestehen meist aus Kreisläufen von Qi, das sich schon im Körper befindet.

Da man in öffentlichen Verkehrsmitteln meist von Menschen umgeben ist und sich manchmal zudem noch unter der Erde befindet, ist es sinnvoll, hier fast ausschließlich mit geschlossenen Übungen zu arbeiten, die das im Körper vorhandene Qi aktivieren und einem Qi-Verlust vorbeugen.

Bei einer Autofahrt, etwa alleine auf der Autobahn, kann man allerdings schon einmal (mit der gebotenen Vorsicht!) zu einer offenen Übung übergehen.

Die Übungen können mit geschlossenen oder leicht geöffneten Augen gemacht werden.

Wenn man mit geöffneten Augen übt, sollte man darauf achten, daß man nicht Augen-Qi verliert, also nicht umherblickt, um etwas aufzunehmen.

Es ist nicht unbedingt notwendig, daß man den Qi-Fluß immer deutlich spürt. Vor allem, wenn man von außen etwas abgelenkt ist, ist das manchmal nicht der Fall. Das Qi fließt trotzdem, und man spürt die Wirkung nach Beendigung der Übung. Wenn man damit Schwierigkeiten oder Zweifel hat, ist es sinnvoll, die Übungen zunächst zu Hause in Ruhe einmal auszuprobieren.

Übt man im Sitzen, was ja meist der Fall ist, so liegen die Hände in der Regel auf den Oberschenkeln, mit den Handflächen nach oben. In der Mitte der Handflächen sind wichtige Energiepunkte, die Kontakt zum Himmel, zur Erde oder zu den Menschen aufnehmen können. Im Sitzen nehmen die Handflächen also normalerweise Kontakt zum Himmel auf. (Übt man im Liegen, so zeigen die Handflächen zur Erde.) Diese normale Handstellung beim Sitzen ist manchmal nicht durchführbar. Dann legt man die Hände am besten auf die Knie und nimmt so Kontakt zur Erde auf.

Fast alle Übungen können auch im Gehen gemacht werden. Man kann sie daher auch beispielsweise während des Umsteigens fortführen, indem man einfach die Aufmerksamkeit bei ihnen beläßt.

Vorbereitung und Abschluß der Übungen

Vor jeder Qi-Gong-Übung sollte man sich einige Minuten Ruhe gönnen. Bei den meisten Übungen unterscheidet man drei Abschnitte: eine Vorbereitungsphase, die eigentliche Übung und den Abschluß. Leitet man nicht richtig ein, so erreicht die Übung nie die notwendige Tiefe, und schließt man nicht richtig ab, so verzichtet man auf eine wichtige Möglichkeit, Kontrolle über sein Qi zu erlangen; das Qi zerfließt dann sozusagen. Eine Übung ohne korrekte Vorbereitung und entsprechenden Abschluß zeigt nur 50 Prozent oder weniger der zu erreichenden Wirkung.

Aus diesem Grunde ist es wichtig, sich über die für die Übung zur Verfügung stehende Zeit im klaren zu sein. Hat man beispielsweise nur 10 Minuten Zeit, so wird man andere Übungen wählen, als wenn man mit einer Stunde rechnet. Bei Zeiten unter 10 Minuten ist es manchmal sinnvoll, lediglich Einleitungsübungen zu praktizieren.

Fast alle in diesem Buch beschriebenen

Übungen werden durch folgende fünf Schritte *vorbereitet*:

1. Man entspannt bewußt den ganzen Körper, indem man eine Entspannungswelle vom Kopf zu den Füßen schickt.
2. Man nimmt Kontakt zum Himmel auf, indem man sozusagen in den Kosmos hört und dann seine Aufmerksamkeit wieder auf sich zurückzieht. (»Kosmische Geräusche kurz in sich aufnehmen.«)
3. Man nimmt Kontakt zur Erde auf, indem man beide Füße flach auf den Boden stellt und sich mit den Zehen dreimal kurz festkrallt.
4. Man entspannt bewußt die Gegend zwischen den Augenbrauen, das sogenannte »Dritte Auge« oder das »obere Zinnoberfeld«.
5. Man entspannt die Seele, indem man »mit dem Herzen lächelt«. Das kann etwa durch Vorstellung eines geliebten Menschen geschehen, dem man in Gedanken zulächelt.

Der *Abschluß* der meisten Übungen besteht darin, daß man das in Bewegung geratene und im Körper verteilte Qi im unteren Dantien (unteren Zinnoberfeld) einsammelt, so daß dieses sich »prall« anfühlt und das Qi nicht mehr im übrigen Körper zu spüren ist.

Die Vorbereitungs- und Abschlußphasen werden bei den einzelnen Übungen jeweils in unterschiedlicher Form und Länge behandelt. Eine genauere Beschreibung des unteren Dantien finden Sie beim *Sich des unteren Dantien bewußt werden*, S. 55 ff.

Nur so viel sei jetzt schon gesagt: Das untere Dantien ist eine wichtige Gegend im Körper zur Sammlung von Qi. Es ist der Ausgangs- und Sammelpunkt für viele Übungen, hat etwa die Größe eines Tischtennisballes und liegt tief im Unterbauch, bei Frauen etwa in der Mitte der Gebärmutter, bei Männern zwischen Blase und Dickdarm. Die Lage ist allerdings individuell unterschiedlich und kann auch viel höher, niedriger, weiter vorne oder hinten sein.

Abbildung 1: unteres Dantien

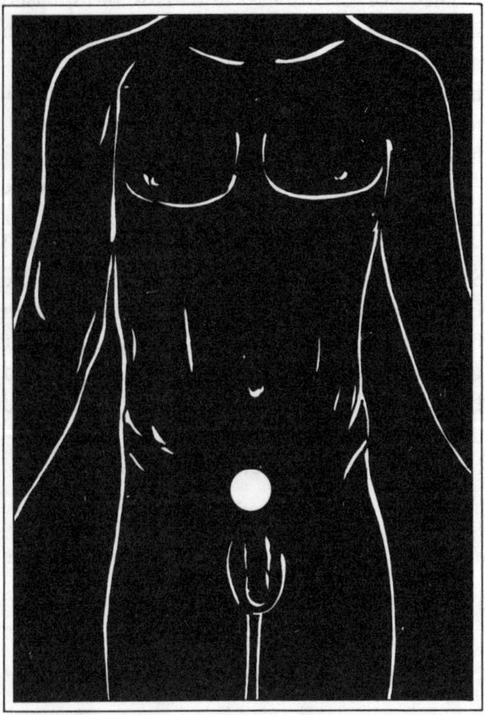

1 a: Vorderansicht

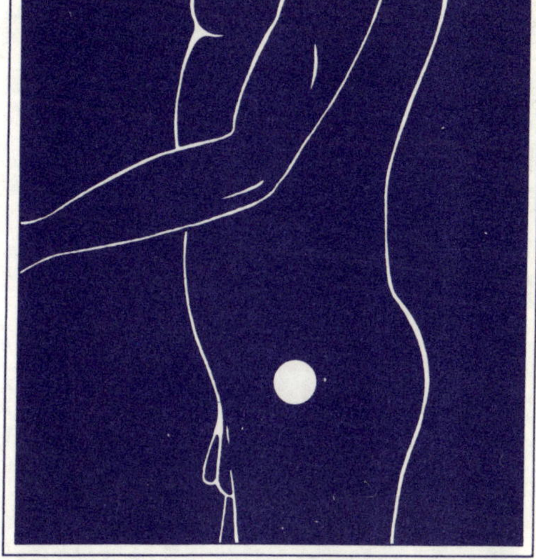

1 b: Seitenansicht

Übungen zur Schreckbewältigung

Es kann vorkommen, daß man beim Qi-Gong-Üben plötzlich stark erschrickt. Man übt etwa zu Hause, ist im Qi-Gong-Zustand versunken, dem Zustand zwischen Schlafen und Wachen, und die Türglocke oder das Telefon klingelt. Oder man rollt im Auto mit 100 Stundenkilometern dahin, macht den kleinen Energiekreislauf, und plötzlich bremst der Vordermann stark. Oder man erschrickt aus anderen Gründen. Das Qi-Gong kennt sehr wirksame Methoden, um die Folgen des Schrecks auf der körperlichen Ebene zu beseitigen.

SCHRECK-QI AUSATMEN

Die erste Möglichkeit ist, das Schreck-Qi, solange es noch frei im Körper beweglich ist und sich noch nicht in einem Organ manifestiert hat, mittels dreier tiefer Atemzüge und einer entsprechenden Vorstellung auszuatmen. Der Vorgang kann auch öfters wiederholt werden. Dies sollte möglichst bald nach dem Schreck geschehen. Die Sitte, nach einem Schreck erst einmal tief Luft zu holen, entspricht dieser Methode, nur daß das bewußte Ausatmen von Schreck-Qi wegen der begleitenden Vorstellung sehr viel wirksamer ist als das bloße Atemholen.

Eine zweite, noch weitaus wirksamere Möglichkeit besteht in der Übung *Links vier, rechts drei*, die im folgenden beschrieben wird. Sie eignet sich vor allem auch, um die körperlichen Folgen älteren Schrecks zu beseitigen. Außerdem ist sie sehr wirksam, um sich zu beruhigen, etwa nach schlechten Nachrichten.

LINKS VIER, RECHTS DREI

Die Übung ist sehr viel wirkungsvoller als lediglich das Ausatmen des Schreck-Qi. Sie arbeitet mit den Augen. Die Augen besitzen eine Art geistige Strahlung. Sie stehen in engem Verhältnis zum »oberen Dantien«, das auch »oberes Zinnoberfeld« oder »Drittes Auge« genannt wird und an der Stirn zwischen den Augenbrauen liegt. Die ganze Gegend bezeichnet man als »Nasenbereich«. Die Augen stehen in erster Linie mit der Leber in Verbindung, haben aber auch Beziehungen zu allen fünf inneren Organen. Die Übung beruhigt die fünf Organe und sammelt den Geist.

Bei Schreck zerstreut sich das Qi leicht, vor allem das »wahre Qi«, das Nieren-Qi. Durch die Übung kann man sein Nieren-Qi wieder sammeln.

Die Übung

- Den ganzen Körper von oben nach unten entspannen.
- »Kosmische Geräusche kurz in sich aufnehmen.«
- Die Füße stehen flach auf dem Boden, die Zehen krallen sich kurz fest.
- Die Gegend zwischen den Augenbrauen entspannen.
- »Mit dem Herzen lächeln.«

Nun schließt man die Augen und blickt sachte nach links. Man kehrt zur Mitte zurück und schaut nach rechts, ganz behutsam. Dann blickt man wieder nach links, wieder nach rechts und wieder nach links und nochmals nach rechts und nach links. Zuletzt läßt man die Augen von der linken Seite wieder zur Mitte rollen. Zum Abschluß denkt man an das untere Dantien.

Wichtig dabei ist, daß man vor der Übung zwischen den Augen entspannt und ganz sachte blickt. In der Mitte verharrt man jeweils etwa 2 Sekunden. Man beginnt also mit der linken Seite und schließt auch mit der linken Seite ab (links viermal, rechts dreimal). Nach der Übung sollte das Herz wieder ruhig sein.

Übungen mit einem Zeitbedarf von 10 bis 15 Minuten

Ob Sie irgendwo warten müssen oder nur zwei Stationen mit dem Bus fahren, Sie können immer Qi-Gong üben und sich so etwas Gutes tun.

Entspannen Sie sich zunächst, und nehmen Sie Kontakt zu Himmel und Erde auf: Hören Sie kurz in den unendlichen Kosmos, und spüren Sie Ihren Fußsohlen nach, die flach auf dem Boden stehen. Wenn Sie schon etwas Übung haben, spüren Sie es jetzt schon fließen, von oben nach unten und von unten nach oben. So etwa mag sich ein großer Baum fühlen, der unten mit den Wurzeln das Wasser aufnimmt und oben Licht, Sauerstoff und Kohlendioxid. Dieses Gefühl sollte jeder Übung vorangehen. Wir sind Menschen zwischen Himmel und Erde, und wir brauchen das Yang des Himmels genauso wie das Yin der Erde.

Und wenn Sie dann noch etwas Zeit haben, können Sie eine der folgenden Übungen machen. Planen Sie aber Ihre Zeit so, daß Sie Ihr Qi noch in Ruhe im unteren Dantien einsammeln können und nicht unvermittelt eine Übung abbrechen müssen. Im einzelnen kommen folgende Übungen in Betracht:

- *Großzehenübung*
- *Gedächtnisübung*
- *Atmung mit Konzentration auf die Qi-Grube*
- *Energiekreislauf in den Beinen*
- *Schüttelübung*
- *Links vier, rechts drei*

GROSSZEHENÜBUNG

Die Übung bringt, merklich oder unmerklich, den großen Energiekreislauf in Gang (Kleiner Energiekreislauf mit Beinkreislauf). Sie hilft gegen hohen Blutdruck, ungeformten Stuhl, stärkt die Erinnerungsfähigkeit und fördert die Gebärmutterrückbildung nach Schwangerschaft.

Der Zeitaufwand für die Übung ist sehr gering, man kann sie aber auch länger praktizieren.

Der große Energiekreislauf ist erfolgreicher, wenn man sich gleichzeitig mit den Zehen festkrallt wie bei dieser Übung.

Die Übung

- Man denkt an die große Zehe und klammert sich mit ihr in der Erde fest.
- Man spürt dem Gefühl nach.

Durch die bekannte Einleitung (Entspannen des ganzen Körpers, Kontakt mit Himmel und Erde aufnehmen, Drittes Auge entspannen, mit dem Herzen lächeln) und das Einsammeln des Qi im unteren Dantien am Ende der Übung kann die Wirkung verstärkt werden. Dabei geht man von den Zehen zu den Fußsohlen, dann die Innenseite der Beine nach oben zum Dammpunkt und von dort direkt zum unteren Dantien. Der Abschluß ist identisch mit dem Abschluß der Übung *Großer Energiekreislauf, der den Meridianen folgt.* Einleitung und Abschluß sind aber nicht obligatorisch.

GEDÄCHTNISÜBUNG

Die Übung dient der Stärkung des Gedächtnisses, um Gehörtes oder Gelesenes besser behalten zu können. Sie eignet sich besonders vor Vorträgen, Vorlesungen, Konzerten etc. oder vor dem Lesen eines wichtigen Buches. Sie sollte etwa 3 Minuten praktiziert werden.

Das Bewußtsein ist wie ein See mit einer ständig aufgewühlten Oberfläche. Die Übung dient dazu, diese Oberfläche zu beruhigen. Hat man vorher die Wellen eines Steines, den man in den See warf, nicht wahrnehmen können, so kann man sie jetzt sehen.

Die Übung

- Man entspannt sich am ganzen Körper.
- »Kosmische Geräusche« werden im Ohr abgelegt. (In den Kosmos hören, die Geräusche ins Ohr dringen lassen und dann vergessen.)
- Die Füße stehen flach auf dem Boden. Eventuell kann man sich mit den Zehen kurz in den Boden krallen.
- Die Gegend zwischen den Augenbrauen entspannen.
- Das Gesicht trägt ein sanftes Lächeln.

- Man blickt mit den Augen zur Nasenspitze.
- Man »blickt« mit der Nasenspitze zum Mund.
- Man »blickt« mit dem Mund zum Herzen.
- Man »blickt« mit dem Herzen zu den Ohren bzw. zu den Augen.

Es ist unerheblich, ob die Augen bei der Übung offen oder geschlossen sind. Vor dem Lesen eines Buches blickt man mit dem Herzen wieder zurück zu den Augen. Dann kann man sich den Text des Buches besser merken. Der »Blick« geschieht natürlich nicht nur mit den Augen, sondern auch mit dem Dritten Auge.

ATMUNG MIT KONZENTRATION AUF DIE QI-GRUBE

Diese Übung dient vor allem zur Stärkung der Funktionstüchtigkeit der Nieren.

Zieht man vom Nabel aus eine waagrechte Linie durch den Körper zur Wirbelsäule, dem »Tor des Lebens«, und teilt diese Linie in 10 Abschnitte, so liegt 7 Abschnitte von vorne (und 3 von hinten) die sogenannte »Qi-Grube« (»Höhle des Qi«). Dieses Energiezentrum hat etwa die Größe eines Tischtennisballes und ist

Abbildung 2: Lage der Qi-Grube

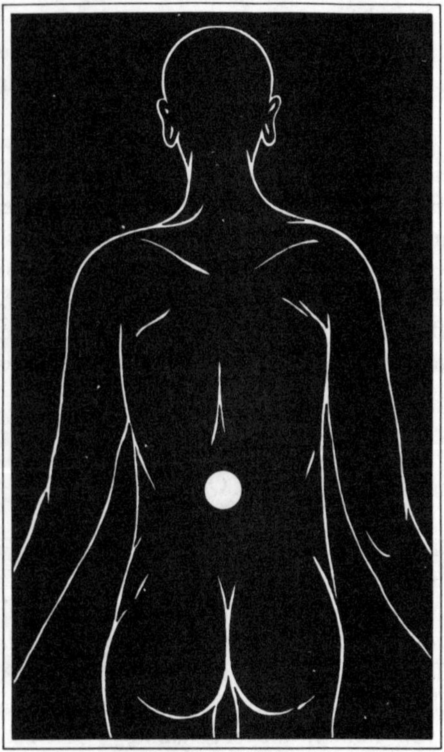

2 a: Rückenansicht

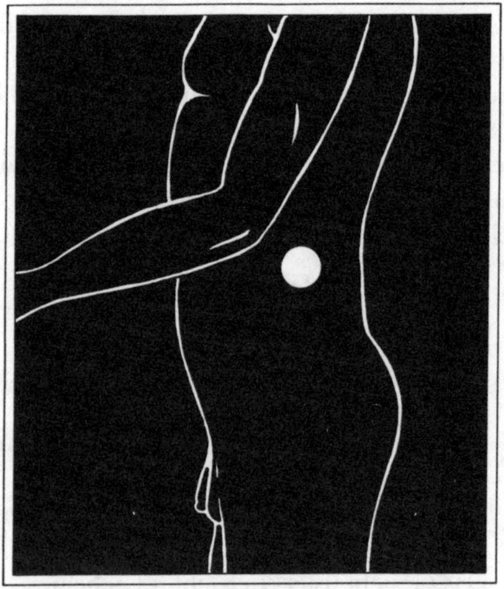

2 b: Seitenansicht

von individueller Form. Es steht vor allem in Beziehung zu den Nieren.

Die Einbeziehung der Qi-Grube ist eine Hilfe bei der Erlernung der normalen Bauchatmung. Bei der normalen Bauchatmung wölbt sich beim Einatmen der Bauch etwas nach vorne, und beim Ausatmen zieht er sich etwas ein, entsprechend den Bewegungen des Zwerchfells.

Die Übung

- Den ganzen Körper entspannen.
- »Kosmische Geräusche kurz wahrnehmen« und dann vergessen.
- Die Füße stehen flach auf dem Boden und nehmen Kontakt zur Erde auf.
- Die Gegend zwischen den Augenbrauen entspannen.
- Das Gesicht trägt ein leichtes Lächeln.
- Die Qi-Grube wahrnehmen. Das Bewußtsein wird auf die Qi-Grube gelenkt. Man soll sich die Grube zwar nicht zu stark vorstellen, sie aber auch nicht vergessen.
- Mit den Ohren in die Qi-Grube hineinhören.
- Die normale Bauchatmung wahrnehmen, ganz ruhig atmen.
- Die Atmung vergessen. Nichts forcieren. Die Vorstellung ablenken wie einen Schleier.

Bei Beginn der Übung geht die Vorstellung der Übung voran. Ist man mit der Übung vertraut, geht das Gefühl der Vorstellung voran. Zunächst spürt man, wie der Bauch sachte nach außen und innen geht. Wenn man mit der Übung vertraut ist, wartet man auf den Atem, die Bauchatmung setzt sich in Gang und ergibt sich von selbst.

Wenn man die Qi-Grube bis zu den Nieren ausdehnt, kann man die Funktion der Nieren stärken. Kreisläufe von Blut und Qi durchfließen dann die Nieren. Diese Art Stärkung ist nicht vergleichbar mit einer Stärkung durch Massage, denn das feinstoffliche Qi dringt in das Organ ein. Die Qi-Grube hat vorne Verbindung zum Nabel, hinten zum Tor des Lebens, nach oben zum Scheitelpunkt und nach unten zum Dammpunkt. Die Verbindung zu den Nieren ist deshalb so wichtig, weil sich in den Nieren das erworbene Qi (die sogenannte »Essenz«) und das ursprüngliche Qi des Menschen sammeln. Aus diesem Grund dient die Übung auch der Stärkung des Qi.

Abbildung 3:
Bahnverlauf des Qi in den Beinen

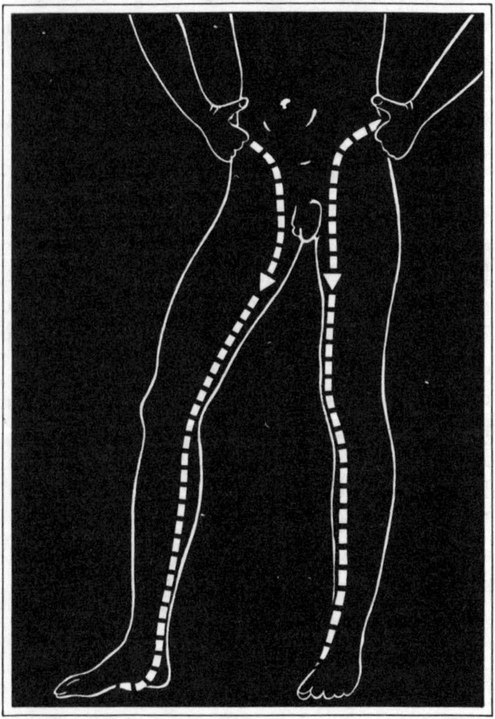

3 a: Innenseite

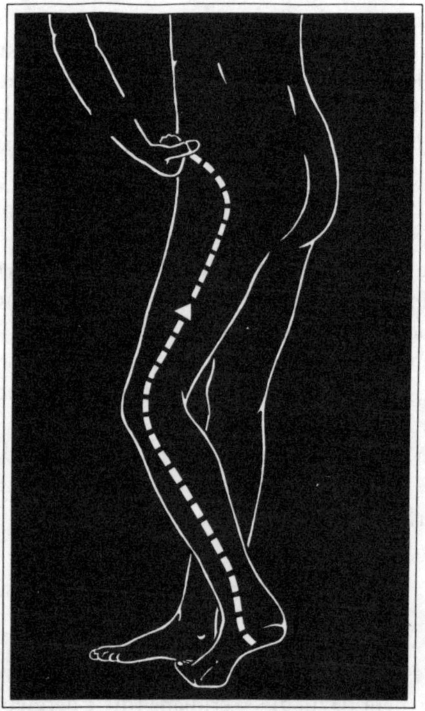

3 b: Außenseite

ENERGIEKREISLAUF IN DEN BEINEN

Die Übung eignet sich zur Überbrückung von Wartezeiten im Stehen, kann aber auch im Sitzen gemacht werden. Sie geht von zwei Punkten an der Vorderseite, etwas innerhalb des Beckenkamms aus. Von diesen Punkten geht, wenn sie undurchlässig sind, die Alterung der Beine aus.

Die Übung

Die Daumen liegen an den beiden Punkten, die Hände am Beckendamm. Mit dem Daumendruck schickt man das Qi an der vorderen Innenseite der Beine nach unten zu den Fußsohlen, beim Loslassen an der hinteren Außenseite der Beine wieder nach oben.

Man sollte bezüglich der Geschwindigkeit des Kreislaufs einfach dem natürlichen Bedürfnis folgen.

SCHÜTTELÜBUNG

Diese Übung ist außerordentlich wirkungsvoll. Sie dient dazu, die Meridiane (die Energiebahnen im Körper) durchlässig zu machen und krankmachendes, schädliches Qi abzuleiten.

Sie wird normalerweise im Stehen ausgeführt. Zu Hause empfehle ich zur Übung die passende Musikbegleitung. Für Wartezeiten, etwa an der Bushaltestelle, genügt es, anstatt sich zu schütteln, sich mehrmals leicht auf die Zehenspitzen zu stellen und auf die Fersen fallen zu lassen.

Man sollte die Übung nie abrupt beenden, sondern sich auf jeden Fall noch einige Augenblicke des ruhigen Stehens gönnen, um dem Qi des Körpers Gelegenheit zu geben, sich wieder zu organisieren. Andernfalls macht die Übung müde.

Die Lebensenergie, das Qi, fließt im Körper entlang der sogenannten Meridiane, die wie Flüsse den Körper an der Oberfläche und im Inneren durchziehen. Wenn diese Meridiane blockiert sind, kommt es zu Störungen. Aufgabe dieser Übung ist es, die Meridiane durchgängig zu machen und krankmachendes, schädliches Qi aus dem Körper tief in den Boden abzuleiten.

Das Qi wird durch die Vorstellung gelenkt, nicht durch den Willen! Deshalb ist bei dieser Übung die jeweilige Vorstellung von ausschlaggebender Bedeutung für das Gelingen.

Die *Übung* gliedert sich in drei Teile:

1. Das »Ordnen« der Meridiane.
2. Das Ableiten des schädlichen Qi.
3. Eine Ruhepause, um das verbliebene Qi im Körper neu zu formieren.

Die Zeitspanne für die einzelnen Teile soll immer im Verhältnis 2 : 2 : 1 stehen, also z. B. 6 : 6 : 3 Minuten oder 4 : 4 : 2 Minuten.

1. Die Füße stehen schulterbreit. Man steht locker und entspannt am ganzen Körper, hört in den Kosmos, krallt sich mit den Zehen kurz fest und nimmt so Kontakt zur Erde auf. Dann entspannt man das Dritte Auge und lächelt leicht.
   Nun »ordnet« man seine Meridiane mit Hilfe leichter rhythmischer Schüttelbewegungen. Die Vorstellung des Ordnens und Geraderichtens der Meridiane ist sehr wichtig. Am besten beginnt man oben am Kopf und geht in Gedanken den ganzen Körper entlang nach unten. Eine unterstützende Hilfe kann sein, wenn man zwischendurch den entspannten Körper leicht auf die Fersen fallen läßt. Um die Meridiane der inneren Organe zu »ordnen«, kann man sich diese als

Bäume vorstellen, wobei die Meridiane kleine Äste und Blätter sind.

2. An der Grenze zwischen vorderem und mittlerem Drittel der Füße, etwa in Höhe der zweiten Zehe, sind wichtige Energiepunkte. Sie sind das Gegenstück zu den Energiepunkten der Handflächen und liegen im Verlauf der Nierenmeridiane. Diese Punkte werden »sprudelnde Quellen« oder auch »Erdpforten« genannt. Entlang der Körpermitte wird das schädliche Qi durch sie in den Boden geleitet.
   Man steht ruhig da, denkt beim Einatmen an nichts, und beim Ausatmen stellt man sich intensiv vor, daß das schädliche Qi durch die Körpermitte tief in den Boden abfließt. Am besten geht man langsam von oben nach unten, als ob man einen Flüssigkeitsspiegel Atemzug um Atemzug absenken würde. Von elementarer Bedeutung ist die Vorstellung, daß das verbrauchte, schädliche Qi abgeleitet wird. Das Einatmen soll kurz und tief sein, das Ausatmen langsam, mit geschlossenem Mund. Wie das schädliche Qi aus dem Körper gleitet, so gleitet der Atem aus dem Körper wie ein Hauch.

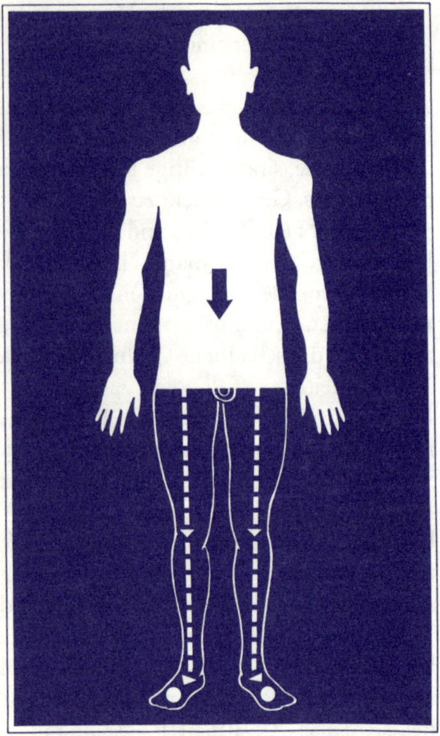

Abbildung 4 a:
Ableitung des schädlichen Qi

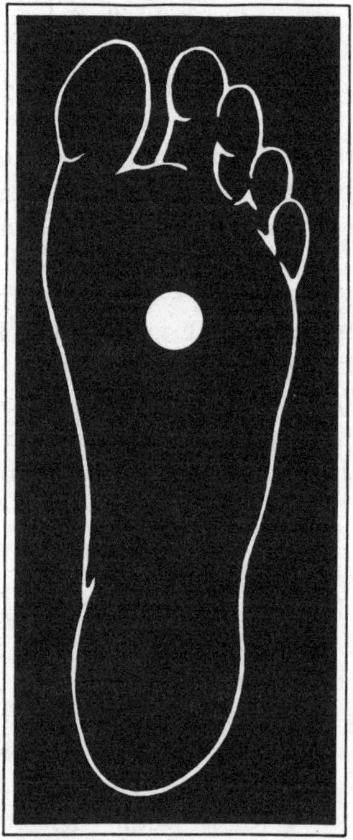

Abbildung 4 b:
Lage der »Sprudelnden Quellen«
bzw. »Endpforten«

3. Mit dem schädlichen Qi fließt immer etwas gutes Qi ab. Man beendet den Gedanken des Ableitens, gönnt sich Ruhe und gibt dem Körper Gelegenheit, das verbliebene Qi neu zu formieren und frisches Qi aufzunehmen. Man bleibt einfach ruhig stehen und denkt an gar nichts. Erst dann ist die Übung beendet.

Die Übung kann bei Erkältungen im Frühstadium nützlich sein, vor allem, wenn man die Übung *Pflege des Qi* anschließt. Man kann natürlich auch Krebs-Qi und Qi anderer Krankheiten oder sonstiger schädlicher Einflüsse ableiten.

In der Schwangerschaft sollte man die Übung lieber nicht ausführen.

Nach der Übung fühlen sich 90 Prozent aller Menschen deutlich wohler. Sie gehört nach der chinesischen Tradition zu den »sieben Schätzen, um einen Berg zu überwinden«. Viele Mönche des Klosters, in dem diese Übung gepflegt wurde, wurden 130 Jahre alt und älter.

Man sollte bei dieser Übung ein schwebendes Gefühl haben, ein Gefühl, als ob man auf dem Wasser treibt. Je öfter man sie macht, desto mehr empfindet man. Es sollen langsame, zärtliche Bewegungen sein, und beim Abfließen sollte man ganz sachte vorgehen. Erst wenn man weiß, worum es geht und man damit Erfolg hat, kann man etwas heftiger mit dem Willen vorgehen.

Die Erdpforte (Quellpunkte an den Fußsohlen) ist ziemlich undurchlässig. Bei Erkrankungen des Vorfußes ist das Qi hier blockiert. Die Gesundheit des Menschen hängt stark von der Durchlässigkeit der Quellpunkte ab. Daher sind Übungen, die sich auf die Durchlässigkeit dieser Punkte stützen, so wichtig.

Die *Schüttelübung* eignet sich gut für das Erspüren des »Hauchs«, der beim Qi-Gong erstrebenswerten Atemform. Vorbedingung für diese Atemform ist, daß man vergißt, daß es die Lunge ist, die atmet. Beim Ableiten des Qi hat man die Vorstellung, daß der Hauch sachte von Kopf bis Fuß hinuntergleitet. (Würde man durch die Lunge ausatmen, dann würde das schlechte Qi ja durch Mund und Nase abgehen.) In der Zeitspanne zwischen Aus- und Einatmen erzielt die Vorstellung die größte Wirkung. Hier wird der Hauptteil des kranken Qi hinausgeschickt. Das ist die Zeitspanne, in der die Lungenatmung abgeschlossen ist.

Die Übung ist nicht ausschließlich dazu da, schlechtes Qi hinauszuschicken. Sie hat auch Phasen, die das Qi wecken und es veranlassen, im Körper zu kreisen. Wenn man die Übung längere Zeit praktiziert hat, ist gar nicht mehr so viel schlechtes Qi im Körper vorhanden.

Sobald das schädliche Qi den Boden berührt, wird es von den »10 000 Dingen« aufgesogen, mit anderen Worten: resorbiert und neutralisiert. Man braucht also keine Angst zu haben, daß der Boden nun voller schlechtem Qi sei.

Übungen mit einem Zeitbedarf von 15 bis 60 Minuten

Dies ist eine Zeitspanne, die deutlich über das hinausgeht, was man für die Vorbereitung einer Qi-Gong-Übung normalerweise benötigt.

Im Zentrum dieses Kapitels steht natürlich der *Kleine Energiekreislauf* mit seinen Varianten. Ähnlich wie es den Blutkreislauf im Körper gibt, gibt es auch einen Qi-Kreislauf. Den sichtbaren Blutgefäßen des einen entsprechen die unsichtbaren, nur für Menschen mit besonderen Fähigkeiten fühl- und sichtbaren Meridiane des anderen. »Frisches Qi« wird zugeführt, »schädliches Qi« wird abgeleitet. Vor allem über die Energiepunkte oder Chakren findet ein reger Austausch mit dem den Körper umgebenden Qi statt. Der *Kleine Energiekreislauf* aktiviert vor allem den Qi-Fluß in den Meridianen und beugt so Qi-Mangel oder Qi-Stauung in bestimmten Körperregionen vor. Fast alle Krankheiten beginnen mit Qi-Mangel oder Qi-Stauung.

Das Gegenstück zum *Kleinen Energiekreislauf* ist die Übung *Pflege des Qi.* Während beim *Kleinen Energiekreislauf* durch die Vorstellung das Qi entlang wichtiger Meridiane zu bestimmten Punkten des Körpers geleitet wird, erreicht man bei der *Pflege des Qi* die besten Ergebnisse, wenn es einem gelingt, an nichts zu denken und dem Qi die Möglichkeit zu geben, sich die Stellen zu suchen, an denen es benötigt wird.

Die in diesem Kapitel beschriebenen Übungen können auch gut zu Hause ausgeführt werden. Es kommen folgende Übungen in Betracht:

- *Sich des unteren Dantien bewußt werden*
- *Kleiner Energiekreislauf*
- *Energiekreisläufe um das untere Dantien*
- *Großer Energiekreislauf, der den Meridianen folgt*
- *Pflege des Qi*
- *Atmung mit Konzentration auf die Qi-Grube.*

SICH DES UNTEREN DANTIEN BEWUSST WERDEN

Diese Übung ist eine Vorübung zur Erlernung des *Kleinen Energiekreislaufs.* Man kann sie als selbständige Übung ausführen oder auch dem kleinen Kreislauf vorschalten.

Teilt man die Strecke vom Nabel bis zum Schambein in fünf Teile und geht vom Schambein einen Teil nach oben, so ist man am unteren Dantien (unteren Zinnoberfeld). Der Bereich liegt also etwa handbreit unter dem Nabel. Er wird auch als »Loch ohne Boden« bezeichnet, da er unbegrenzt Qi aufnehmen kann. Er steht in Verbindung mit Blase, Nieren, Gebärmutter, Eierstöcken. Die Nahrungsverteilung im Körper beginnt hier, und es ist auch der Punkt, an dem neues Leben entsteht. »Dan« bedeutet eine durch lange Übung erreichte Kugel mit viel Energie. »Tien« bedeutet das Feld, in dem diese Kugel begraben ist. Die genaue Lage des Punktes wird in chinesischen Büchern entweder nie beschrieben, oder sie wird zu hoch angegeben, um Uneingeweihte nicht zu schnell mit dem eigentlichen Energiezentrum des Menschen vertraut zu machen, in dem die »Energiekugel geschmiedet werden« kann. Das untere Dantien hat nicht bei jedem Menschen die gleiche

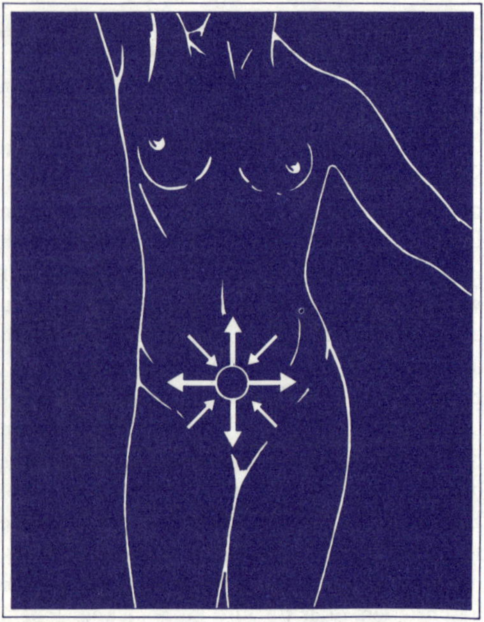

Abbildung 5: Weiten und Zusammenziehen
des unteren Dantien

Lage, bei manchen liegt es etwas höher, bei anderen tiefer, bei einigen näher an der Oberfläche, bei anderen mehr zur Wirbelsäule hin.

Die Übung

- Zunächst zur Ruhe kommen und von oben nach unten entspannen.
- »Kosmische Geräusche kurz aufnehmen.«
- Die Füße stehen flach auf dem Boden und krallen sich kurz fest.
- Zwischen den Augenbrauen entspannen.
- »Mit dem Herzen lächeln.«

Man richtet seine Aufmerksamkeit auf das untere Dantien und wenn man es deutlich spürt, weitet man es langsam und vorsichtig etwas in den Bauchraum aus und zieht es dann wieder zusammen. Das wiederholt man mehrmals.

Da sich die Aufmerksamkeit hier schon im unteren Dantien befindet, ist bei dieser Übung kein besonderer Abschluß erforderlich. Der Mindestzeitaufwand für die gesamte Übung beträgt ungefähr 10 Minuten.

Hat man etwas mehr Zeit zur Verfügung, so kann man eine sehr wirkungsvolle *Variante dieser Übung* machen:

Nach der beschriebenen Vorbereitung ruht die Aufmerksamkeit zunächst im unteren Dantien. Dann sammelt man Speichel im Mund und schluckt ihn bis zum unteren Dantien. Natürlich bleibt der Speichel im Magen, das Qi wandert aber mit der Vorstellung bis zum unteren Dantien. Es folgen 18 ruhige Atemzüge, wobei die Vorstellung immer im unteren Dantien bleibt. Nun sammelt man wieder Speichel, indem man die Zunge etwas vor und zurück bewegt, und wiederholt den Vorgang. Er kann insgesamt 3–5mal wiederholt werden.

Der Speichel spielt eine große Rolle in der chinesischen Medizin. Er wird als eine sehr Qi-reiche Flüssigkeit angesehen.

KLEINER ENERGIEKREISLAUF

Wenn man den *Kleinen Energiekreislauf* in einem öffentlichen Verkehrsmittel oder im Auto üben möchte, braucht man mindestens 20 Minuten Zeit. Er gehört zu den umfassendsten, heilsamsten und gleichzeitig ungefährlichsten Übungen des gesamten Qi-Gong. Wann immer möglich, sollte man auf ihn oder eine seiner Varianten zurückgreifen.

Der *Kleine Energiekreislauf* ist eine über

2000 Jahre alte taoistische Grundübung, bei der Qi auf einer zentralen Kreisbahn, ausgehend vom Unterbauch, den Rücken hoch und an der Körpervorderseite wieder hinunter geleitet wird.

Es gibt einen chinesischen Qi-Gong-Großmeister, der als Einstieg zum Qi-Gong in seiner Schule 100 Tage lang 8 Stunden täglich den *Kleinen Energiekreislauf* üben läßt.

Die Lebensenergie fließt im Körper entlang der Meridiane. Man unterscheidet 12 Haupt- und 8 Nebenmeridiane. Im Rahmen des kleinen Energiekreislaufs wird das Qi über 2 Hauptmeridiane geleitet, je einen an der Körpervorder- und an der Körperrückseite. Nach chinesischer Auffassung liegt an der Vorderseite das »Meer der Yin-Meridiane« und an der Rückseite das »Meer der Yang-Meridiane«.

Ziel der Übung ist die Regulierung von Yin und Yang im Körper und das Öffnen möglichst vieler Energiepunkte zur Aufnahme von Qi aus dem Kosmos. Der Mensch ist gesund, wenn im Körper Yin und Yang ausgeglichen sind.

Normalerweise kreist Qi im Körper auch ohne daß man daran denkt, etwa fünfzigmal in 24 Stunden, so daß ein Kreislauf etwa eine halbe Stunde dauert (solange läßt man auch normalerweise bei der Akupunktur die Nadeln stekken). Durch die Übung des kleinen Energiekreislaufs wird dieser Energiefluß beschleunigt, das heilende Qi wird also beispielsweise auch schneller an kranke Stellen des Körpers transportiert.

Der *Kleine Energiekreislauf* gehört, zusammen mit der *Pflege des Qi* zu den sogenannten »geschlossenen Übungen«, da bei ihnen nicht bewußt Qi aus dem Kosmos in den Körper geleitet wird.

Man kann ihn in jeder Körperhaltung machen, man kann sich speziell für ihn Zeit nehmen oder ihn auch gut während anfallender Wartezeiten (Autofahren, Bus etc.) praktizieren. Während der Schwangerschaft sollte er nicht geübt werden. Im Gegensatz zum »großen Energiekreislauf« ist er der »Kreislauf des milden Feuers«, und es wird bei ihm keine spezielle Zungenposition gefordert.

Die Schnelligkeit des Kreislaufs ist unerheblich. Vor allem anfangs sollte die Übung langsam und mit Gefühl ausgeführt werden. Wenn man sie zu schnell übt, kommt man in seiner Entwicklung nicht vorwärts. Wichtig ist auch hier, wie überall im Qi-Gong, die Vorstellung. Das Qi wird in den betreffenden Punkten der Reihe nach konzentriert und dann entlang der betreffenden Meridiane weitergeleitet. Dabei sollte man nicht mit zu starkem Willen vorgehen, um sich nicht zu verkrampfen. Das Gefühl ist eher so, als ob man auf etwas warten würde.

Mißempfindungen wie Schmerzen, Prickeln, Jucken etc. sind Zeichen dafür, daß das Qi an diesen Stellen noch nicht glatt fließt und ein Heilungsprozeß beginnt. Auch Kopfschmerzen, Herzdruck oder ähnliche Symptome können auftreten. In solchen Fällen sollte man einfach weiter üben.

Die Vorbereitungsphase

- Man entspannt sich am ganzen Körper, die Schultern sind locker.
- »Geräusche am Rande des Kosmos wahrnehmen.« Das heißt, man nimmt Kontakt zum Kosmos auf, hört kurz in den Kosmos und legt das Gehörte im Ohr ab.
- Die Füße stehen flach auf dem Boden. Um Erdkontakt aufzunehmen, krallt man sich mit den Zehen kurz in den Boden.
- Man entspannt die Gegend zwischen den Augenbrauen. Das Dritte Auge wird so für das Qi geöffnet.
- Das Gesicht trägt ein leichtes Lächeln. Man kann auch »im Herzen lächeln«. Das Lächeln dient der Entspannung des Geistes.
- Die Aufmerksamkeit ruht im unteren Dan-

tien. Man fühlt, hört, sieht, riecht das untere Dantien. Es ist gut, wenn ein Wärmegefühl in ihm spürbar ist, bevor man mit dem eigentlichen Kreislauf beginnt.

Übt man im Sitzen, so sollte man darauf achten, daß die Schultern locker sind und das Kinn etwas zurückgenommen wird, um den Scheitelpunkt zu entspannen. Die Hände liegen auf den Knien, die Handflächen nach oben, um zu empfangen. Vorbereitungszeit mindestens 2 bis 3 Minuten, besser etwas länger.

Der eigentliche Kleine Energiekreislauf

Das Qi, die Lebenskraft, wird im Körper durch die Vorstellung gelenkt, die sozusagen das Vehikel des Qi darstellt. Man geht also in seiner Vorstellung die folgenden neun Punkte der Reihe nach durch. Sie liegen auf einer Bahn, die sich von der Bauchunterseite über den Damm, das Steißbein, den Rücken hinauf zum Hinterkopf, über den Kopf zur Stirn und von dort wieder bis zur Bauchunterseite erstreckt. Anfangs- und Endpunkt ist immer das

1. *untere Dantien* (unteres Zinnoberfeld).
   Wie bereits auf Seite 55 ausgeführt, liegt der

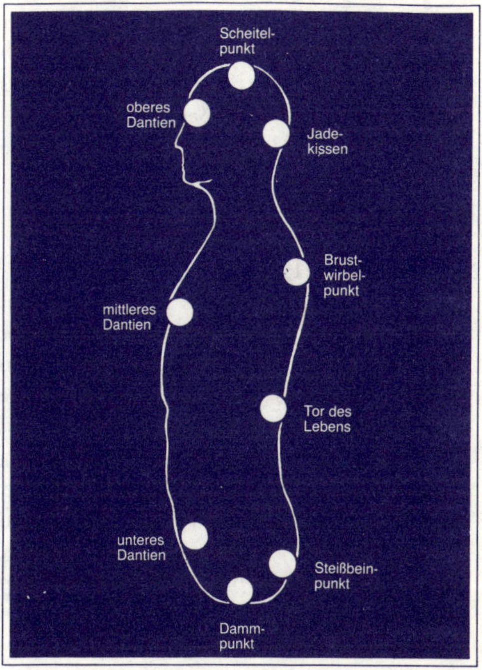

Abbildung 6:
die Punkte des *Kleinen Energiekreislaufes*

Punkt etwa handbreit unter dem Nabel. Er wird beim Üben zunächst an der Oberfläche des Körpers gespürt, mit zunehmender Übung verlagert er sich immer mehr nach innen, so daß er sich bei Geübten letztlich als etwa tischtennisballgroßes Energiefeld zwischen Blase und Dickdarm bzw. bei Frauen in der Mitte der Gebärmutter darstellt. Danach folgt der

2. *Dammpunkt* (Huiyin).
Er ist der »Treffpunkt des Yin«. Man findet ihn in der Mitte des Dammes zwischen After und Genitalien. Es ist ein Punkt, auf den selten meditiert wird. Das regelmäßige Durchgehen beim *Kleinen Energiekreislauf* schützt vor Prostataproblemen. Normalerweise wird er nicht an der Körperoberfläche, sondern etwas nach innen gespürt. Man kann sich den Punkt auch als »Ursprungspunkt« der Oberschenkel vorstellen, den Punkt, an dem die Leisten zusammenlaufen. Der Energiekreislauf führt weiter zum

3. *Steißbeinpunkt* (Weilü).
Er befindet sich knapp unterhalb der Steißbeinspitze und stellt das untere Ende der Wirbelsäule dar. An seiner Stelle befindet

sich einer der »drei Pässe« der Wirbelsäule, der »Steißbeinpaß«. (Die beiden anderen liegen zwischen dem »Tor des Lebens« und dem Brustwirbelpunkt und am Hinterkopf beim Jadekissen.) Der nächste Punkt auf dem Weg des Kleinen Energiekreislaufes ist das

4. *Tor des Lebens* (Mingmen, Lendenpunkt).
Er liegt in der Mitte der Lendenwirbelsäule, genau gegenüber dem Nabel. Er ist vor allem für die Gegend der Nieren zuständig. Dann kommt der

5. *Brustwirbelpunkt* (Dazhui).
Er liegt zwischen dem 1. und 2. Brustwirbel, also unterhalb des vorstehenden Dornfortsatzes des 7. Halswirbels. An ihm herrscht starke Yang-Konzentration. Er stellt die Kreuzungsstelle der horizontalen Achse der Arme und der vertikalen Achse des Rumpfes dar. Weiter oben geht es zum

6. *Jadekissen.*
Dies ist kein Punkt, sondern eine Fläche am Hinterhaupt, auf der der Kopf in der Rükkenlage ruht. Die Fläche liegt in der Mitte der Verbindungslinie zwischen den Ohren. Sie stellt auch einen der »Pässe« dar, die soge-

nannte »Eisenpforte«. Die Gegend ist das obere Ende der Wirbelsäule und der Zugang zum Kopf, also das Gegenstück zum Steißpunkt. Auf dem Kopf liegt der

7. *Scheitelpunkt* (Baihui).
   Er ist der »Treffpunkt aller Meridiane«. Er stellt den höchsten Punkt auf der Verbindungslinie zwischen den Ohrenspitzen über dem Kopf dar. Er ist ein Konzentrationspunkt des Yang. Weiter geht die Kreislauflinie zum

8. *oberen Dantien* (oberen Zinnoberfeld, Drittes Auge).
   Der Punkt liegt etwas oberhalb der Nasenwurzel zwischen den Augenbrauen. Er ist ein wichtiger Weisheitspunkt im Buddhismus, an dem der Geist trainiert wird. Hinter ihm liegt die Hypophyse, die Hirnanhangdrüse, die ein wichtiges hormonelles Steuerungszentrum des Körpers ist. Von hier fließt der Energiestrom rechts und links an der Nase vorbei über Kinn und Kehlkopf zum

9. *mittleren Dantien* (mittleren Zinnoberfeld, Brustbeinpunkt).
   Er liegt in der Mitte des Brustbeins in Höhe

der Brustwarzen. Der Punkt steht in engem Zusammenhang mit Herz und Leber.
Nun schließt sich der Kreis wieder an dem unteren Dantien.

Die angegebenen Punkte stellen die im Normalfall sinnvollsten Stationen des Kleinen Energiekreislaufs dar. Man kann aber die Energie – wenn notwendig – durch diese Stationen hindurchleiten und beispielsweise nur vom Scheitelpunkt zum Dammpunkt üben (sehr schwierig!) oder zusätzliche Punkte einbauen, etwa einen Kehlkopfpunkt bei Heiserkeit, einen Nabelpunkt bei Beschwerden in diesem Bereich usw.

Wird der *Kleine Energiekreislauf* in der angegebenen Weise trainiert, so ist er – ausgenommen in der Schwangerschaft – völlig ungefährlich.

Die Abschlußübungen

Ziel der Abschlußübungen ist, Qi im Körper zu aktivieren und zusätzliches Qi aus dem Kosmos aufzunehmen. Sie können auch in Verbindungen mit anderen Übungen ausgeführt werden. Die sieben Schritte sind im einzelnen:

1. *Hände reiben*
Handflächen aufeinanderlegen und reiben. Die Handflächen sind wichtige Durchgänge zur Aufnahme des Qi. Das Händereiben dient der Öffnung dieser Durchgänge. Ziel im Qi-Gong ist das Verschmelzen des Menschen mit Himmel und Erde. Die Hände sind die »Menschenpforte«. Durch Reiben wird sie geöffnet. (Die beiden anderen Pforten sind die »Himmelspforte« in der Nähe des Scheitelpunktes und die »Erdpforte«, die Punkte der »sprudelnden Quellen« an den Fußsohlen.)

2. *Gesicht reiben*
Mit den Handflächen mehrmals das Gesicht von oben nach unten reiben, beim Einatmen nach oben, beim Ausatmen nach unten. Im Gesicht befinden sich die Anfangs- und Endpunkte vieler wichtiger Meridiane (Dünndarm, Dickdarm, Magen, Galle, Blase). Das Gesicht reiben hat eine regulative Funktion auf diese Meridiane. Auch die Vorstellung, mit den Händen die Falten des Gesichtes glattzustreichen, ist nützlich.

3. *Kopfhaut massieren*
Mit allen Fingerspitzen durch die Haare fah-

ren bis hinunter zum Nacken und dabei die Kopfhaut massieren, um die Meridiane des Kopfes durchgängig zu machen.

4. *Kopf klopfen*
Mit den flachen Händen von vorne nach hinten den Kopf bis zum Nacken abklopfen. Die Übung dient dazu, die auf dem Kopf befindlichen Energiepunkte für den Eintritt des Qi zu öffnen. Es kann durchaus stark geklopft werden.

5. *Ohren reiben*
In der chinesischen Medizin entspricht das Ohr einem auf den Kopf gestellten Embryo. Das Ohrläppchen ist sein Kopf, oben sind Gefäße, Füße und Beine, innen die inneren Organe. Alle Energiepunkte des Körpers stehen mit den Ohren in Verbindung. Die Ohren zu massieren bedeutet eine Art zarte Ganzkörpermassage. Die Ohren dürfen ruhig fest massiert, geknetet und auch gekniffen werden – auch der Gehörgang, soweit erreichbar.

6. *Brustwirbelpunkt reiben*
Nach der chinesischen Medizin ist die Gegend des Brustwirbelpunktes die Stelle, von

der das Altern ausgeht. (Vor dem Brustwirbelpunkt liegt die Thymusdrüse, deren Aktivität im Laufe des Lebens nachläßt!) Die Stelle zu reiben hilft, den Alterungsprozeß hinauszuschieben und dem Nachlassen des Gedächtnisses entgegenzuwirken. Vor allem ältere Menschen sollten Wert auf diese Übung legen. Die Gegend wird zuerst mit der flachen linken Hand, dann mit der rechten so kräftig massiert, daß sie heiß wird. Zum Abschluß der Massage klopft man mit der rechten Hand noch einige Male auf die linke und umgekehrt. Man kann den Brustwirbelpunkt auch kneten. Die Übung ist auch gut für die Schultergelenke geeignet. Dabei kann die Vorstellung hilfreich sein, daß sich die Gelenkflüssigkeit weiter verflüssigt.

7. *Der Kranich nimmt das Wasser auf*
Die Übung stammt aus der Sung-Dynastie und ist ca. 700 Jahre alt. Der Kranich gilt, ähnlich wie die Kiefer, als Symbol für langes Leben. Das Kinn entspricht dem Schnabel des Kranichs, der eine Kreisbewegung beschreibt. Der Schnabel fährt nach unten, an der Brust entlang nach oben, nach vorne und den Kreis vollendend zum tiefsten Punkt

usw. Gedachter Mittelpunkt dieser Drehbewegung ist der Brustwirbelpunkt. Beim Nach-oben-Ziehen sollte die Bewegung aus der gesamten Wirbelsäule kommen. Es sollte sozusagen jeder Wirbel einzeln von unten nach oben gezogen werden.

Die Kranichübung ahmt in ihrer Bewegung den *Kleinen Energiekreislauf* nochmals nach. Die Stellung Kopf oben entspricht dem oberen Dantien, Kopf vorne dem mittleren Dantien und Kopf unten dem unteren Dantien. Liegt das Kinn an der Brust an, so entspricht das dem Dammpunkt, und beim Hochziehen werden die weiteren Punkte des Rückens und des Kopfes berührt.

Beim Lösen des Kinns gleitet das Qi über den Kopf, und beim Hochheben des Kinns beginnt der Kreislauf beim oberen Dantien von neuem.

Die Übung sollte etwa siebenmal gemacht werden. Der kleine Kreislauf kann in besonderen Situationen (z. B. beim Radfahren) mit Hilfe der Kranichübung praktiziert werden. Man kann auch bei der Übung *Der Kranich nimmt das Wasser auf* unterstützende Zungenbewegungen durchführen. Bei der Bewegung, die dem Hochsteigen des Qi am Rücken entspricht, ist die Zunge oben am

Gaumen, bei der Bewegung, die der Abwärtsbewegung des Qi entspricht, wandert sie nach unten. Die Zungenbewegungen sollen behutsam erfolgen.

Bei manchen Menschen kann der *Kleine Energiekreislauf*, wenn er abends geübt wird, zu Schlafstörungen führen.

Bei längerer Übung verlagert sich der Kreislauf immer tiefer in den Körper, was einem höheren Energieniveau entspricht. Reicht das Qi für diese Verlagerung noch nicht aus, so wird man durch die Übung müde. Wird die Übung zu schnell durchgeführt so stärkt sie nicht, sondern verbraucht Energie. Als Fortgeschrittener kann man den kleinen Kreislauf auch in umgekehrter Richtung üben.

Die Übung ist besonders wirksam bei Kindern, da ihr Qi noch nicht durch die »trübe Essenz« der Sexualität gestört ist. In China werden beim Durchgehen des kleinen Kreislaufes häufig folgende Bilder empfunden: Beim Steißpunkt: Ein alter Ochse zieht einen Pflug. Beim Tor des Lebens: Ein Reh läuft schnell. Beim Brustwirbelpunkt: das Gefühl einer Ziege.

Der Rücken entspricht der Yang-Seite, dem Osten – der Himmelsrichtung, in der die Sonne aufgeht. Deshalb läßt man hier beim kleinen

Kreislauf das Qi aufsteigen. Das ist vor allem bei älteren Menschen mit Yang-Mangel wichtig.

Wenn der Energiestrom vorne und hinten nicht gleich ist, so hat das mit der Yin-Yang-Verteilung zu tun. Wenn man vorne nichts oder nicht viel spürt, ist das unerheblich.

Man kann den *Kleinen Energiekreislauf* intensivieren, indem man eine Variante der Übung *Sich des unteren Dantien bewußt werden* vorschaltet.

Übliche Vorbereitung: Entspannung, Geräusche am Rande des Kosmos kurz wahrnehmen, Füße kurz festkrallen, zwischen den Augenbrauen entspannen.

Speichel im Mund sammeln. Dies geschieht entweder, indem man die Zunge flach im Mund hält und 3mal vor- und zurückbewegt oder indem man die Zunge vor die Zähne legt und unter den Lippen 9mal links und 9mal rechts dreht.

Dann schluckt man den Speichel zum unteren Dantien und macht 18 Atemzüge. Das Ganze 3-, eventuell 4- bis 5mal. Mit der Zeit stellt sich Wärme- oder Hitzegefühl im unteren Dantien ein. Die Vorstellung verweilt dabei immer im unteren Dantien.

Anschließend beginnt man mit dem *Kleinen Energiekreislauf.* Er dauert mit dieser Übung etwa 50 Minuten. Optimal wären 24 bis 36 Umkreisungen.

Da die Punkte der Ohrmuschel in Verbindung zu inneren Organen stehen, sollte man bei Schwierigkeiten, die von diesen ausgehen, das Ohrenkneten und -reiben ausdehnen. Bei Migräne und Kopfschmerzen kann man das Klopfen des Kopfes und das Massieren der Kopfhaut verstärken. Wichtig ist beim *Kleinen Energiekreislauf,* daß er nicht mit Kraft erzwungen wird. Das Gefühl sollte eher so sein, als ob man auf etwas warten würde.

Bei der Vorbereitung beachten Sie, daß zunächst im unteren Dantien Wärme entsteht, auch wenn man nicht die vorbereitende Übung *Sich des unteren Dantien bewußt werden* durchführt. Das Empfinden von Kühle ist ein Fernziel. Das untere Dantien sollte sich wärmer anfühlen als das mittlere und dieses wiederum wärmer als das obere Dantien. Der Strom, der den Rücken aufwärts fließt, sollte warm sein, der Abwärtsstrom vorne eher kühl. Man empfindet den Strom warm, weil der Körper kalt ist. Je mehr die Kälte den Körper verläßt, desto mehr reinigt sich das Qi, und im Endeffekt empfindet man das Qi als kühl.

Bei »hitzigen Krankheiten« (z. B. Nasenbluten bei Bluthochdruck) kann man einige Tage den *Kleinen Energiekreislauf* in umgekehrter Richtung ausführen.

In alten Zeiten gab es in China die Anbetung des Gestirns des Großen Wagens. Kernpunkt dieses Zeremoniells war, daß man sich oft auf die Erde niederwarf und wieder erhob. Mit der Zeit entdeckten die Menschen, daß sie dadurch gesünder und leistungsfähiger wurden als andere. Man entdeckte die Kreisbewegung des Qi, und dies war der Anfang der Entwicklung des kleinen Kreislaufs.

Kurzbeschreibung

Prinzip des *Kleinen Energiekreislaufes* ist, daß man das Qi auf einer Kreisbahn entlang zwei Hauptmeridianen an der Vorder- und Rückseite des Körpers leitet.

Die Übung kann im Sitzen, Liegen oder Gehen ausgeführt werden. Beim Sitzen liegen die Hände auf den Knien, Handflächen empfangend nach oben gewandt.

Die Vorbereitung sollte mindestens 2 bis 3 Minuten dauern.

1. Am ganzen Körper entspannen.
2. »Geräusche am Rande des Kosmos wahrnehmen« (Kontakt zum Kosmos).
3. Die Füße stehen flach auf dem Boden, Zehen krallen sich eventuell kurz fest (Erdkontakt).
4. Die Gegend zwischen den Augenbrauen entspannen.
5. Das Gesicht trägt ein leichtes Lächeln.
6. Die Aufmerksamkeit ruht im unteren Dantien.

Man beginnt mit dem eigentlichen *Kleinen Energiekreislauf* im unteren Dantien und richtet seine Aufmerksamkeit der Reihe nach auf folgende Punkte:

1. unteres Dantien (im Unterbauch)
2. Dammpunkt
3. Steißbeinpunkt
4. Tor des Lebens (Lendenpunkt)
5. Brustwirbelpunkt
6. Jadekissen (Hinterhauptfläche)
7. Scheitelpunkt
8. oberes Dantien (Drittes Auge)
9. mittleres Dantien (am Brustbein zwischen den Brustwarzen).

Rückkehr zum unteren Dantien.

Die Abschlußübungen verstärken die Wirkung der Übung und helfen, die Energiepunkte zu öffnen:

1. Hände reiben
2. Gesicht reiben
3. Mit den Fingern Kopfhaut von vorne nach hinten massieren
4. Kopf klopfen
5. Ohren massieren
6. Brustwirbelpunkt reiben
7. *Der Kranich nimmt das Wasser auf* (Kreisbewegung des Kinns von unten, an der Brust entlang nach oben, nach vorne und wieder nach unten).

ENERGIEKREISLÄUFE UM DAS UNTERE DANTIEN

Die Übungen dienen zur Ortung und Energieaufladung des unteren Dantien. Man sollte sich für jeden Kreislauf mindestens 10 Minuten Zeit nehmen. Das Vorgehen ist ähnlich wie beim *Kleinen Energiekreislauf*, nur daß die Energie hier entlang verschiedenen Bahnen im Unterbauch geleitet wird.

Man kann durch das untere Dantien drei gedachte Ebenen legen:

1. eine horizontale,
2. eine vertikale zwischen den seitlichen Körperpartien,
3. eine vertikale von vorne nach hinten.

Auf diesen Ebenen kann man das Qi jeweils im Uhrzeigersinn oder dagegen kreisen lassen, wobei die Kreise kleiner oder größer werden können.

Bei dieser Übung ist zu beachten, daß man in jedem Augenblick die Kontrolle über den Energiefluß behält; man muß also auch in der Lage sein, den Qi-Fluß zu spüren.

Abbildung 7: die drei gedachten Ebenen um das untere Dantien

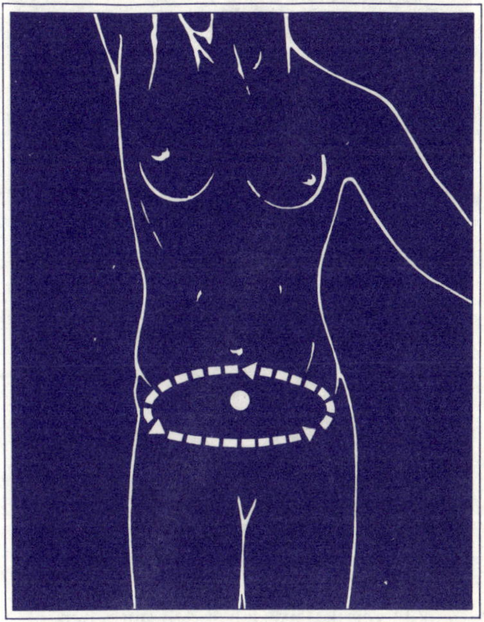

7 a: horizontal

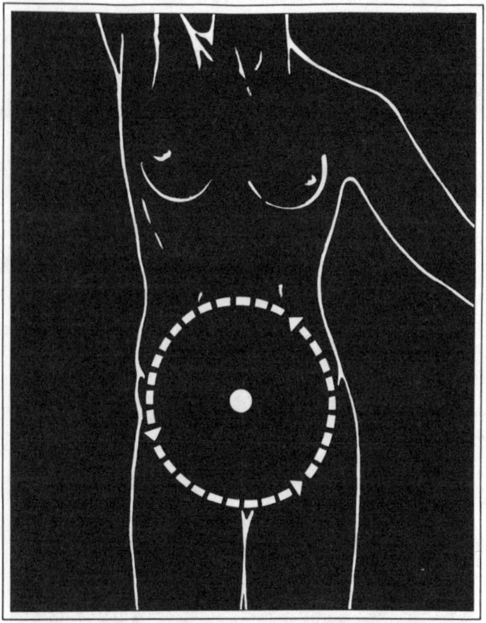

7 b: vertikal zwischen den seitlichen Körperpartien

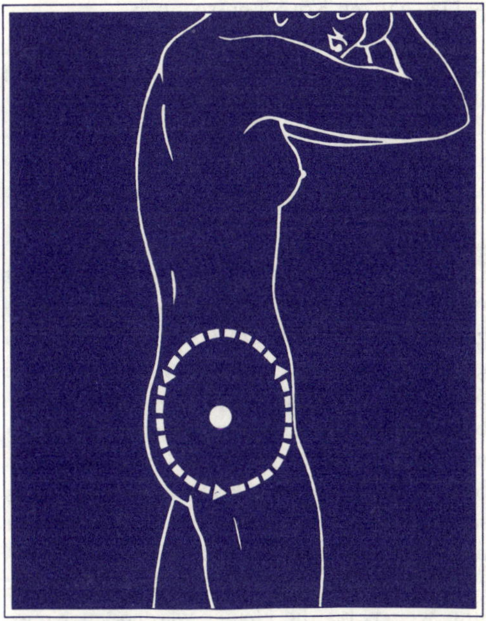

7 c: vertikal von vorne nach hinten

- Den ganzen Körper entspannen.
- »Kosmische Geräusche kurz aufnehmen.«
- Die Füße stehen flach auf dem Boden und krallen sich kurz in die Erde.
- Die Gegend zwischen den Augenbrauen entspannen.
- »Mit dem Herzen lächeln.«

Die Aufmerksamkeit ruht zunächst im unteren Dantien. Wenn das Qi dort gespürt wird, läßt man es auf der horizontalen Ebene im Uhrzeigersinn kreisen, wobei man die Kreise langsam größer werden läßt, bis letztlich ein Kreis zwischen Nabel, Taille, Tor des Lebens, Taille, Nabel entsteht. Da das untere Dantien normalerweise etwas tiefer liegt als diese Ebene, muß man beim Kreisen langsam höher gehen. Hat der Kreis seine größte Ausdehnung erreicht, beschreibt man dem Yin-Yang-Zeichen folgend eine S-förmige Schleife und dreht gegen den Uhrzeigersinn weiter, bis die kleiner werdenden Kreise wieder im unteren Dantien angekommen sind.

In China ist es üblich, im Uhrzeigersinn zu beginnen. Prinzipiell könnte man aber auch gegen den Uhrzeigersinn anfangen. Wichtig ist nur, daß der Kreis wieder im unteren Dantien beendet wird.

Anschließend kreist man in der vertikalen Ebene zwischen den seitlichen Körperpartien, im unteren Dantien beginnend, größer werdend, bis man einen Kreis beschreibt zwischen Dammpunkt, seitlicher Körperwand, Zwerchfell, seitlicher Körperwand, Dammpunkt. Man wendet mit einem Yin-Yang-Zeichen und läßt die Kreise bis zum unteren Dantien wieder kleiner werden.

Der nächste Kreislauf liegt auf der vertikalen Ebene von vorne nach hinten. Hier muß man auf jeden Fall mit der Drehrichtung gegen den kleinen Kreislauf beginnen (also nach vorne, oben), um in der Richtung des kleinen Kreislaufs abschließen zu können. Der Drehbeginn liegt im unteren Dantien. Der größte Kreis befindet sich zwischen Dammpunkt, Tor des Lebens, Nabel und Dammpunkt. Auch hier kehrt man das Kreisen dem Yin-Yang-Zeichen folgend und beendet es im unteren Dantien.

Ein spezieller Abschluß ist bei diesen Übungen nicht erforderlich, da man das Qi schon wieder im unteren Dantien konzentriert hat.

Es handelt sich hier um eine buddhistische Übung, wobei man nach der Originalanweisung jeweils 32mal in der einen und 24mal in der anderen Richtung drehen soll.

Die Übung ist intensiver, wenn man die Handflächen übereinander (Männer linke Hand unten, rechte darüber, Frauen umgekehrt) flach auf den Bauch in Höhe des unteren Dantien legt und den Qi-Fluß durch den Kontakt mit den Handflächen unterstützt. In dieser Form heißt der dritte Teil der Übung (das Kreisen in der vertikalen Ebene von vorne nach hinten): »Zwei Drachen spielen mit einer Perle«.

GROSSER ENERGIEKREISLAUF, DER DEN MERIDIANEN FOLGT

Dieser Kreislauf ist relativ leicht zu erlernen, zu praktizieren und sehr wirkungsvoll. Er wirkt entspannend und erfrischend. Man kann ihn in jeder Körperhaltung üben. Der Zeitaufwand beträgt mindestens 10 Minuten. Bei diesem Kreislauf ist es besonders wichtig, daß man sich genau an die angegebenen Bahnen hält, um unangenehme Nebenwirkungen zu vermeiden.

Die Übung

Man macht es sich bequem, entspannt den ganzen Körper, hört in den Kosmos, die Füße krallen sich kurz in den Boden, man entspannt zwischen den Augenbrauen und lächelt.

Abbildung 8: der *Große Energiekreislauf, der den Meridianen folgt*

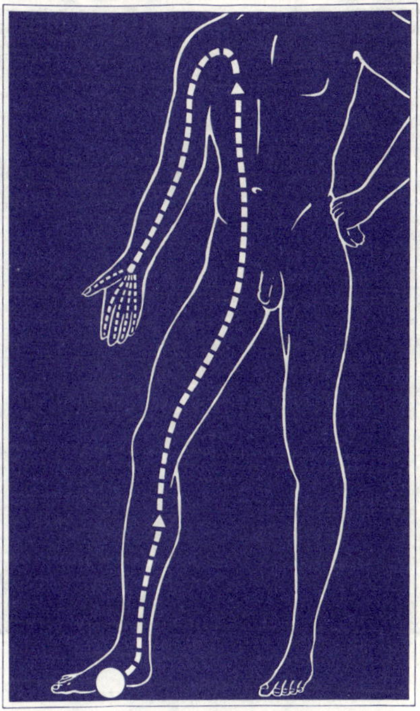

8 a: von den Quellpunkten zu den Handflächen

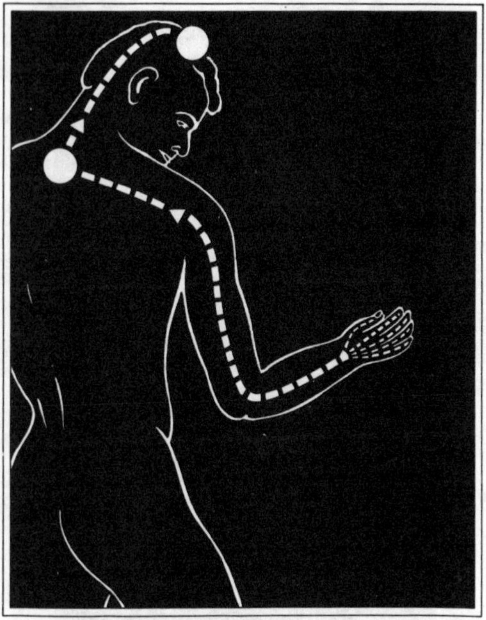

8 b: von den Fingerspitzen
zum Scheitelpunkt

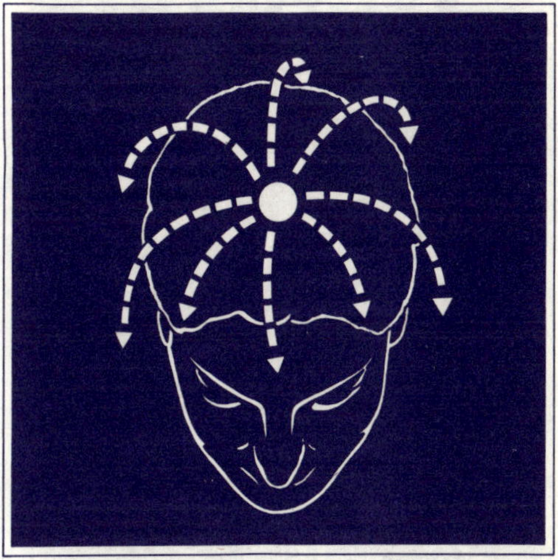

8 c: vom Scheitelpunkt um den Kopf
und später den Rumpf hinab

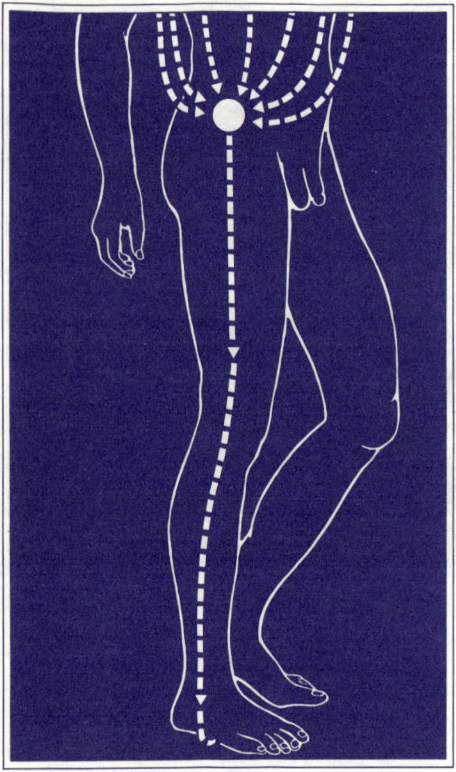

8 d: an den Außenseiten der Beine
zu den Quellpunkten der Fußsohlen

Der Kreislauf beginnt an den Quellpunkten der Fußsohlen, führt an den Innenseiten der Beine hoch zu den Leistenbeugen, über die Körpervorderseite zu den Schlüsselbeinen und gelangt über die Schultern, die Innenseiten der Arme zu den Handflächen. Von dort laufen die Bahnen über die Fingerspitzen, die Handrücken, die Außenseite der Arme, bündeln sich im Brustwirbelpunkt und erreichen geschlossen den Scheitelpunkt. Hier fächert sich die Bahn wieder auf und fließt wie eine Dusche rings um den Kopf und Rumpf hinab zum Gesäß. An den Außenseiten der Beine entlang geht es zurück zu den Fußsohlen.

Zum Abschluß geht man von den Fußsohlen die Innenseite der Beine hoch zum Dammpunkt und dem unteren Dantien, wo der Kreislauf endet.

Die Quellpunkte der Fußsohlen liegen etwa in Verlängerung der zweiten Zehen nach hinten, an den Stellen, an denen das Fußgewölbe am Boden aufsetzt. Sie sind das Pendant zu den Energiepunkten an den Handinnenflächen.

Der Brustwirbelpunkt liegt zwischen 1. und 2. Brustwirbel, also unterhalb des vorstehenden Dornfortsatzes des 7. Halswirbels. Er stellt die Kreuzungsstelle der horizontalen Achse der

Arme und der vertikalen Achse des Rumpfes dar.

An den Beininnenseiten werden die Milz-, Nieren-, und Lebermeridiane berührt, an Brust und Arminnenseiten die Lungen-, Herz- und Herzbeutelmeridiane, an den Armaußenseiten die beiden Dreifachen Erwärmer, die Dick- und Dünndarmmeridiane, dann der Brustwirbelpunkt als Kreuzungspunkt der horizontalen und vertikalen Körperachse und am Kopf die Blasen-, Magen- und Gallenmeridiane. So werden alle 12 Meridiane angeregt.

Die Übung führt Kraft zu und wirkt gegen Erschöpfung und Müdigkeit. Man sollte 9 bis 36 Kreisläufe machen.

Die Übung ermüdet nicht. Normalerweise hat man hinterher das Gefühl, der Körper sei von lockeren Bahnen durchzogen. Wichtig ist, daß man über den Brustwirbelpunkt geht. Man soll nie von den Armen direkt zum Kopf gelangen, da das bei Anfängern zu Schwindel und Kopfschmerz führen kann. Die Ursachen hierfür liegen in möglichen Blockaden des Halsbereichs. Geht man über den Brustwirbelpunkt, so benützt man eine bereits bestehende Yang-Bahn.

PFLEGE DES QI (YANG QI FA)

Durch diese Übung wird das Qi an die Stellen des Körpers geleitet, wo seine regulierende und heilende Kraft benötigt wird. Sie dient auch dazu, die Punkte an der Körperoberfläche, die Qi aufnehmen können, für den Qi-Austausch mit dem Kosmos zu öffnen.

Sie ist das Gegenstück zu den Kreisläufen. Während bei diesen das Qi bewußt entlang bestimmter Bahnen gelenkt wird, sucht sich hier das Qi selbständig seinen Weg.

Die Übung

- Den Körper von oben nach unten entspannen: Scheitelpunkt, Brustwirbelpunkt, Schultern, Ellenbogen, Handgelenke, Lendenpunkt, unteres Dantien, Leisten, Dammpunkt.
- »Geräusche am Rande des Kosmos wahrnehmen« – Kontakt zum Kosmos.
- Die Füße stehen flach auf dem Boden und krallen sich kurz fest (Erdkontakt).
- Die Gegend zwischen den Augenbrauen entspannen.
- Das Gesicht trägt ein leichtes Lächeln.

Ungefähr 20 Sekunden (oder auch länger) an das untere Dantien denken, und wenn man etwas spürt, an nichts mehr denken.

Zum Abschluß wieder an das untere Dantien denken.

Durch den Gedanken an das untere Dantien, das auf Seite 55 näher beschrieben wird, kommt das dortige Qi in Bewegung und fließt dann von selbst zu den Problempunkten des Körpers. Man holt das Qi sozusagen durch den Willen heraus und läßt es sich bewegen. Dadurch wird es aktiv und übernimmt die Regulationsfunktion.

Für den Anfänger ist es manchmal schwierig, an nichts zu denken. In dem Fall sollte man an die Krankheitsherde im Körper denken (z. B. »Ich möchte mein Herz gesundmachen, Schmerz lindern, Gewebe stärken«). Es ist aber günstiger, an nichts zu denken, denn das Qi findet die Krankheitsherde besser und subtiler als das Bewußtsein.

Man sollte bei der Übung die Atemform wählen, bei der man das Atmen am besten vergessen kann. Also nicht an das Atmen denken. Während der Übung dem Qi nachspüren, wohin es fließt. Wenn man an einer Stelle Mißempfindungen spürt, ist sie krankhaft verändert.

Die Übung ist keine Meditation, denn die Vorstellung vom unteren Dantien ist nur kurzfristig, dann wird der Gedanke verlassen, und das Qi leitet sich von selbst. Sie unterscheidet sich grundsätzlich von Meditationsübungen des Buddhismus, die an den Geist gerichtet sind. Die Übung Yang Qi fa richtet sich auf den Körper. (Entsprechende buddhistische Übungen arbeiten beispielsweise mit der Vorstellung, daß man das »schwarze Qi« eines kranken Organs von dem Licht aus dem unteren Dantien auffressen oder wegstrahlen läßt. Oder man schickt das »schwarze Qi« eines kranken Organs in das Licht des unteren Dantien.)

Sieht man während der Übung Lichterscheinungen, so sollte man sie mit der Vorstellung »Ich bin das Licht« festhalten. Sie treten ein, wenn die Punkte, die mit dem Dantien in Verbindung stehen können, sich öffnen.

Manchmal hat man auch das Gefühl, wie festgenagelt zu sein.

Eine günstige Zeitspanne für die Übung sind etwa 30 bis 40 Minuten, sie kann aber auch kürzer ausgeführt werden. Die beste Übungszeit ist abends. Die Übung kann auch gut während Besprechungen, beim Fernsehen etc. gemacht werden.

Bei der Übung wird das Qi nur im unteren

Dantien geweckt, es soll dort nicht festgehalten werden. Qi fließt auch durch die Poren in den Körper, selbst wenn es nicht willentlich hereingeholt wird. Es wird also vorhandenes wie kosmisches Qi verteilt.

Macht man die Übung vor dem Einschlafen, so sollte man hinterher denken: »Ich setze diese Übung jetzt fest.« Dadurch bleibt man im Qi-Gong-Zustand, und es stellt sich schneller ein Gleichgewicht zwischen Yin und Yang ein.

Ist man mit der Übung vertraut, so ist ein korrekter Abschluß unbedingt erforderlich. Danach sollte das Qi im unteren Dantien so komprimiert sein, daß nichts mehr zerfließen kann. Es sollte sich wie ein kleiner Ball im unteren Dantien anfühlen.

Abbildung 9: das untere Dantien, das Zentrum des Körpers

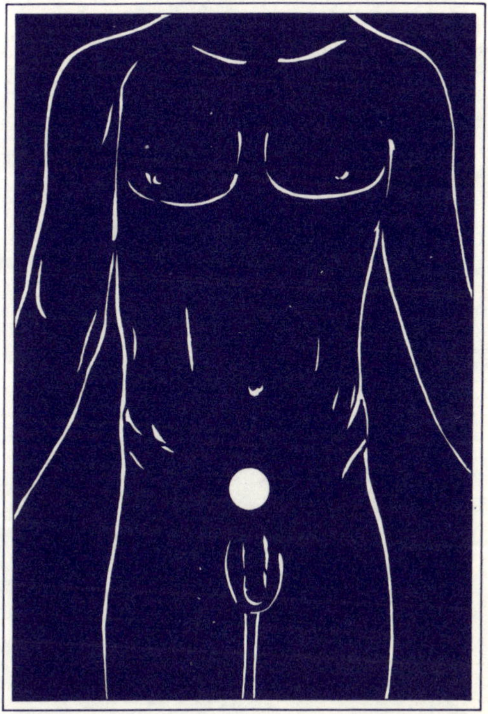

Qi-Gong im Auto

Wenn Sie beim Autofahren Qi-Gong üben möchten, so müssen Sie vor allem größte Vorsicht anwenden und nur Fahrten wählen, die nicht ständig volle Aufmerksamkeit von Ihnen fordern. Hektischer Stadtverkehr oder schnelle Autobahnfahrten sind sicher ungeeignet. Jede Situation, die schnelles Reagieren erfordert, holt Sie blitzartig aus Ihrem Ansatz von Versenkung und kann Sie mehr erschrecken, als wenn Sie sich voll auf den Verkehr konzentrieren würden.

Nach meiner Erfahrung wird die Reaktionsfähigkeit beim Fahren nicht beeinträchtigt, da man sich von selbst unbewußt auf die Situation einstellt und sich nicht so tief versenkt, daß es gefährlich sein könnte. Möglicherweise ist die Reaktionsfähigkeit bei einem angeregten Gespräch im Auto mehr eingeschränkt.

Man fährt, wenn man während des Fahrens

eine einfache Übung macht, mit mehr innerem Abstand. Man ist nicht so irritierbar, ärgert sich nicht so schnell und hat das Bewußtsein, etwas Sinnvolles für sich zu tun.

Gönnen Sie sich, wenn Sie während des Fahrens Qi-Gong üben möchten, auf jeden Fall genügend Zeit. Das Auto dient nur dazu, Ihren Körper vom Punkt A zum Punkt B zu befördern.

Folgende Übungen eignen sich:

- *Sich des unteren Dantien bewußt werden,*
- *Atmung mit Konzentration auf die Qi-Grube,*
- *Großer Energiekreislauf, der den Meridianen folgt,*
- der *Kleine Energiekreislauf,* etwa bei längeren Autobahnfahrten.

Abends nach der Arbeit

Wenn Sie abends erschöpft Ihren Arbeitsplatz verlassen, geht es vor allem darum, Ihre durch Streß, Ärger oder störende Strom- und Magnetfelder (Computer etc.) blockierten Energiebahnen wieder durchlässig zu machen. Dies ist die große Zeit der Schüttelübung. Warten Sie mit ihr nicht bis zu Hause!

Sie können schon an der Bushaltestelle Ihre Meridiane ordnen und angesammeltes schädliches Qi in den Boden schicken. Und wenn Sie dann während der Fahrt noch »die Pflege des Qi« machen, anstatt erschöpft oder genervt vor sich hinzustarren, haben Sie die besten Voraussetzungen für einen erholsamen Abend geschaffen.

Sie werden feststellen, daß Sie nicht jedesmal nach abendlichen Qi-Gong-Übungen frisch werden. Dann ist Ihr Qi nicht mehr ausreichend. Der Körper braucht zunächst Ruhe, um sich regenerieren zu können. Gönnen Sie ihm diese!

Für abends nach der Arbeit eignen sich folgende Übungen:

- *Schüttelübung,*
- *Pflege des Qi,*
- *Atmung mit Konzentration auf die Qi-Grube,*
- *Sich des unteren Dantien bewußt werden.*

Beruhigende und belebende Übungen

Das Ziel fast aller Qi-Gong-Übungen ist, im Körper einen Ausgleich zu schaffen zwischen Yin und Yang, dem »Wasser« und dem »Feuer«, der Ruhe und der Erregung. Bei Übererregung wirken die Übungen also normalerweise beruhigend, bei Schlaffheit und Blockade anregend. Vor allem beim *Kleinen Energiekreislauf* ist dieses Phänomen deutlich zu beobachten. An manchen Tagen ist man nach der Übung angenehm müde, dann wieder angeregt und aktiv. Trotzdem haben einige Übungen Schwerpunkte.

Zu den beruhigenden Übungen zählen:

- *Pflege des Qi,*
- *Links vier, rechts drei,*
- *Gedächtnisübung,*
- *Atmung mit Konzentration auf die Qi-Grube,*
- *Sich des unteren Dantien bewußt werden.*

Zu den belebenden Übungen gehören:

- *Kleiner Energiekreislauf,*
- *Großer Energiekreislauf, der den Meridianen folgt,*
- *Schüttelübung.*

Was tun bei Krankheit?

Prinzipiell ist mit Qi-Gong jede Krankheit, auch Krebs, heilbar. Lebendiges Zeugnis für die Möglichkeiten des Qi-Gong sind die uralten, vitalen, chinesischen Politiker, die alle (insgeheim natürlich) ihre Qi-Gong-Meister im Hintergrund haben, während Qi-Gong öffentlich als Aberglaube gebrandmarkt wird.

Die Kraft des Qi bei Krankheiten ist eine Art schmelzende Kraft, vergleichbar mit der Wärme der Sonne auf Butter. Qi-Gong »bekämpft« keine Krankheiten, wie etwa unsere gängige Medizin, sondern versetzt durch Energieerhöhung, Energiekonzentration und verbesserten Energietransport den Körper in die Lage, mit ihnen fertig zu werden. Es bieten sich grundsätzlich verschiedene Übungsgruppen an:

- Übungen, die die Energie im Körper allgemein erhöhen. Das sind speziell »offene«

Übungen (die in diesem Buch nicht besprochen werden), aber auch Übungen wie *Pflege des Qi* und die verschiedenen Energiekreisläufe. Sie vermehren das Qi im Körper indirekt, indem sie die Energieporen öffnen und die Meridiane durchlässiger machen. Auch eine Übung, bei der man mit einem Baum sein Qi austauscht, gehört in diese Gruppe.
– Übungen, die das Qi an den erkrankten Körperstellen vermehren. Hierzu gehört der *Kleine Energiekreislauf,* wenn die erkrankte Stelle (z. B. eine Halsentzündung) in seinem Bereich liegt; die *Pflege des Qi,* bei der das Qi sich selbst die zu heilenden Stellen sucht und spezielle Übungen für bestimmte Organe, z. B. die Atmung mit Konzentration auf die Qi-Grube für die Nieren.
– Übungen zur Durchlässigkeit der Meridiane und zur Ableitung von schädlichem Qi. Eine dieser Übungen ist die *Schüttelübung.*

So ist es einleuchtend, daß man für jede Krankheit entscheiden muß, welche Übung nun die passendste ist. Für mich hat sich folgendes Vorgehen bewährt:

– Handelt es sich um einen Allgemeininfekt, wie Grippe oder Schnupfen, so empfiehlt sich die »Pflege des Qi« mehrmals am Tage. Einmal täglich sollte man die *Schüttelübung* vorschalten. Ist man bettlägerig, so bietet sich die »Pflege des Qi« geradezu an.

- Handelt es sich um eine lokale Krankheit wie Blasenentzündung oder Mandelentzündung, so ist, wenn möglich, der *Kleine Energiekreislauf* mit einem speziellen Stopp an dieser Stelle zu machen. Man leitet sozusagen das Qi des kleinen Kreislaufs ganz gezielt an die kranke Stelle.
- Bei chronischen Krankheiten muß zunächst immer die Vergiftung und die Energieblockade durch die *Schüttelübung* beseitigt werden. Je nach Lage der Störung kommen auch noch Energiekreisläufe, wie der *Große Energiekreislauf, der den Meridianen folgt,* in Frage. Auch die *Pflege des Qi* wird in einigen Fällen sinnvoll sein.

Krebs ist eine Krankheit, deren Wurzeln sich tief im Körper befinden und die meist eine lange Geschichte hat, bevor sie sich endlich als Tumor manifestiert. Einen der Gründe für die Zunahme von Krebserkrankungen in unserer heutigen Zeit sehe ich in der ständigen Reizüberflutung, Hetze und Überanstrengung. Aus dieser Sicht kann Qi-Gong eine echte Krebsprophylaxe sein, denn es stellt dem Immunsystem die dringend nötigen Ruhepausen und auch das Qi zu Verfügung, um mit etwaigen Krebszellen im Körper fertig zu werden. Ist der Tumor allerdings erst einmal ausgebrochen, so würde man nach Meister Li die Qi-Abgabe von wenigstens 20 Qi-Gong-Meistern täglich benötigen, um das Wachstum zum Stillstand zu bringen.

Qi-Gong in der Schwangerschaft

Selbstverständlich ist es möglich und sinnvoll, in der Schwangerschaft Qi-Gong zu üben. Einige Prinzipien sollten dabei allerdings beachtet werden.

Machen Sie keine Übungen, bei denen das untere Dantien mit außergewöhnlich viel Qi angereichert wird.

In der Schwangerschaft ist beim *Kleinen Energiekreislauf* der Ausgangs- und Endpunkt der Übung das mittlere Dantien. Das untere Dantien wird nur als Durchgangspunkt benützt. Die *Pflege des Qi* ist hier die Basisübung.

Auch andere Übungen schließen Sie bitte nicht im unteren Dantien, sondern an anderen Energiepunkten ab.

Die *Pflege des Qi* können Sie bedenkenlos wie angegeben machen, denn hier wird das Qi im unteren Dantien nur aktiviert, nicht angesammelt. Wenn Sie aber ganz sichergehen wollen, können Sie als Ausgangspunkt auch das mittlere Dantien wählen.

Verzichten Sie auf die *Schüttelübung.* Es könnte sein, daß dem Kind Qi entzogen wird.

Eine sehr nützliche Übung in der Schwangerschaft ist die *Atmung mit Konzentration auf die Qi-Grube.* Dabei weitet man die Qi-Grube nach links und rechts etwas aus bis zu den Nieren, die ja in dieser Zeit besonderen Belastungen ausgesetzt sind.

Weitere Übungen – nicht für nebenbei …

In diesem Kapitel habe ich noch einige reiz- und wirkungsvolle Übungen zusammengestellt, die zwar einfach zu üben sind, die man aber nicht neben einer anderen Tätigkeit machen kann.

Es gibt »nährendes« und »schützendes« Qi. Die *Schützende Qi-Schale* soll den Anteil des schützenden Qi im Körper vermehren. Sie empfiehlt sich immer, wenn man sozusagen einen »Schutzpanzer« braucht.

Wie schon früher erwähnt, ist die Lage des unteren Dantien von Mensch zu Mensch je nach Tageszeit und Situation unterschiedlich. Wer »erforschen« möchte, wo bei ihm das untere Dantien genau liegt, dem empfehle ich die Übung *Aufsuchen des unteren Dantien.* Dies ist eine Übung, die viel Ruhe und ein einigermaßen ausgeglichenes Gemüt erfordern.

Die Übung *Ziehen eines Bootes* endlich wird manchen Leser an Tai Chi erinnern. Auch bei ihr lohnt es, sie einmal auszuprobieren und eventuell beizubehalten.

Im einzelnen sind hier also folgende Übungen aufgeführt:

- *Schützende Qi-Schale,*
- *Aufsuchen des unteren Dantien,*
- *Ziehen eines Bootes.*

SCHÜTZENDE QI-SCHALE

Je mehr man Qi-Gong übt, desto empfindsamer wird man für gutes und schädliches Qi. Es kann von bestimmten Bäumen, aber auch von Menschen oder Gebäuden stammen. Krankenhäusern oder manchen Gaststätten sagt man Qi nach, vor dem man sich hüten oder schützen sollte.

Einen wirksamen, kurzzeitigen Schutz bietet folgende buddhistische Methode aus der Chan-Mi-Schule: Man preßt die Mittelfingerkuppen beider Hände in die Laugunpunkte, also die Handinnenflächen. Das schließt nicht nur die »Menschenpforten«, sondern auch die übrigen Energiepunkte für kurze Zeit.

Möchte man nur die »Menschenpforten« alleine schließen, so schlägt man die Daumen nach innen und ballt Fäuste.

Ist man gezwungen, sich längere Zeit in einem Raum mit schädlichem Qi aufzuhalten, so schützen sich Qi-Gong-Meister mit der Formel »Das Qi ist in mir, ich bin im Qi«. Leider ist diese Technik nur sehr Geübten vorbehalten. Anfänger können der Vorstellung mit einer Bewegung nachhelfen und so die gleiche Wirkung erzielen. Sie wird in der nachfolgenden Übung beschrieben, wobei betont werden muß, daß eben nicht die Bewegung das Ausschlaggebende ist, sondern die Vorstellung. Die Vorstellung einer schützenden Qi-Schale sollte während des Aufenthaltes in der gefährdenden Umgebung aufrechterhalten werden.

Das Prinzip der Übung ist, daß man schützendes Qi wie eine Art Panzer um seinen Körper legt und so die Haut veranlaßt, stärker und schützender zu werden. Die Qi-Platten werden der Reihe nach über die linke Schulter, die rechte Schulter, die Körpervorderseite, die Körperrückseite und über den Kopf gelegt.

Die Übung

Vorbereitung in der gewohnten Weise: Im Stehen den Körper entspannen, kosmische Geräusche kurz wahrnehmen, kurz mit den Zehen in den Boden krallen, zwischen den Augenbrauen entspannen, das Gesicht trägt ein leichtes Lächeln.

- Man hebt langsam den linken Arm, nimmt Qi auf und legt mit der Hand eine Art Qi-Panzer über die rechte Schulter.
- Man führt den rechten Arm in der gleichen Weise zur linken Schulter. Die Arme sind nun vor der Brust gekreuzt.
- Nun schützt man die Körpervorderseite, indem man die Hände nach unten führt und auch die Beine einhüllt.
- An der Körperrückseite geht man nach oben, die Beine und den Rücken entlang bis zur Achsel.
- Nun nimmt man die Arme wieder nach vorne, nimmt Qi auf und stülpt die Qi-Hülle über Kopf und Nacken.
- Man beendet die Übung, indem man die Hände zum unteren Dantien führt, dort verharrt und dabei die Haut etwas anspannt.

Wichtig ist die Vorstellung, das Qi wie eine Schale über den Körper zu stülpen. Zunächst an der Körpervorderseite, dann werden die Füße geschützt und der Rücken ummantelt. (Da die

Hände nicht den gesamten Rücken bestreichen können, muß man durch die Achseln gehen.)

Dann wird der Körper vom Kopf ausgehend umhüllt. Dabei hat man die Vorstellung, »das schlechte Qi hat keine Möglichkeit, in mich einzudringen. Die Haut ist wie ein Panzer.«

Zum Abschluß wird die Haut etwas angespannt. Das führt zu stabiler, starker Körperhaut, die vor schlechtem Qi schützt. Es ist ausreichend, die Übung einmal täglich zu machen. Nach der Übung sollte man 3 Minuten stehen bleiben.

AUFSUCHEN DES UNTEREN DANTIEN

Die konkrete Lokalisation des unteren Dantien ist individuell verschieden. Dies ist einer der Gründe dafür, warum in den Büchern so unterschiedliche Lokalisationen angegeben werden. Die Angaben können nur Faustregeln sein. In China ist das Aufsuchen des individuellen unteren Dantien mit Hilfe eines Meisters erst nach Empfang der Weihen üblich. Die Suchmethode ist geheim.

Bei der Suche stellt man sich ein Pendel oder ein an einer Spiralfeder aufgehängtes Lot vor und sucht mit diesem inneren Lot den Unterbauch nach dem unteren Dantien ab. Beim Auftreten eines bestimmten Gefühls hat man es gefunden.

Die Lokalisation ist ganz verschieden, irgendwo zwischen Dammpunkt, Qi-Grube und Nabel. Bei manchen ist der Punkt auch neben der Wirbelsäule.

Zur Ausführung nimmt man eine sitzende Stellung ein, entspannt am ganzen Körper, »kosmische Geräusche« werden kurz aufgenommen, das Gesicht trägt ein leichtes Lächeln.

Nun entspannt man zwischen den Augenbrauen, öffnet das Dritte Auge, danach langsam Hals, Brust und Bauch. Anschließend beginnt man mit dem gedachten Pendel an der Qi-Grube und lotet aus bis zum Dammpunkt, geht weiter nach vorne und zu den Seiten. Oder man startet bei der Verbindung zwischen dem Tor des Lebens und Nabel, geht nach unten, nach vorne, dann nach hinten und zu den Seiten.

Hat man den Punkt gefunden, so ist das mit einem bestimmten Gefühl verbunden. Man fühlt sich sehr wohl. Der Ort kann groß, klein, lang oder veränderlich sein.

Das individuelle untere Dantien ist der Ort, der am besten zu einem paßt. Das Einsammeln des

Qi zum Abschluß der Übungen soll immer an diesem Ort geschehen. Eine der Faustregeln besagt, daß er – wie auch beim *Kleinen Energiekreislauf* angegeben – im »Drachenpalast des nördlichen Meeres«, der liegt 10 cm unterhalb des Nabels, zu finden sei. Wenn der »Drache« lebendig ist, dann ist die Konstitution gut.

ZIEHEN EINES BOOTES

Ursprung der Übung ist das Ziehen eines Bootes beim Treideln (Stromaufwärtsschleppen). Sie kommt aus der Shao-Lin-Schule und wird viel von Ärzten und chinesischen Masseuren angewandt. Die Übung soll viel Kraft geben.

Die Übung

Man steht auf beiden Beinen, verlagert dann sein Gewicht auf den rechten Fuß, tritt mit dem linken Fuß vor und belastet diesen leicht. Die Knie sind etwas gebeugt. Nun bildet man mit der linken Hand eine lockere Faust (die Chinesen bezeichnen sie als »leer«), führt sie bis zur Höhe des oberen Dantien und dreht sie so, daß die Handfläche dem oberen Dantien zugewandt ist. Gleichzeitig wandert die rechte Faust

Abbildung 10: Ziehen eines Bootes

10 a: erste Position

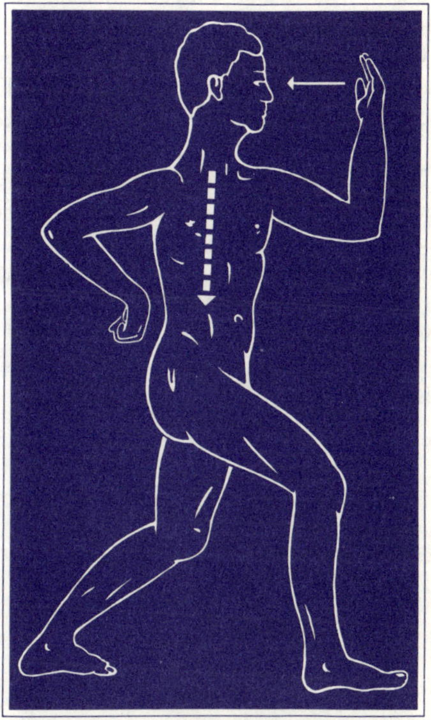

10 b: Energiestrom zwischen Laugunpunkt
und den Beinen

zum Lebenstor mit der Handfläche nach hinten. So verharrt man einige Minuten (wenigstens 3 Minuten).

Dann öffnet man die vordere Hand, blickt den Laugunpunkt (Energiepunkt der Handfläche) an und schickt den Energiestrom den Körper hinunter zu den Beinen.

Nun verlagert man das Gewicht, wechselt das Standbein, Knie etwas gebeugt, die rechte Faust wandert in Augenhöhe, Handfläche nach hinten und die linke zum Lebenstor. Man verharrt wenigstens 3 Minuten und schickt die Energie wieder zu den Beinen.

Die Stellung ist genau so, als wenn man etwas Schweres ziehen würde.

Anhang

GLOSSAR

Brustwirbelpunkt Energiepunkt des *Kleinen Energiekreislaufes*, an der Wirbelsäule in Höhe des vorstehenden Dornfortsatzes des 7. Halswirbels gelegen. Nach chinesischer Ansicht verzögert ein darauf bezogenes Training die Alterung des Gehirns.

Chakren Sie sind bevorzugte Gegenden an der Körperoberfläche, die dem Energieaustausch mit dem Kosmos dienen. Der Begriff der Chakren entspringt nicht der chinesischen, sondern der indischen Kultur. Einige bevorzugte Energiepunkte der Chinesen entsprechen allerdings in der Lage manchen Chakren, wie etwa der Scheitelpunkt dem Scheitelchakra oder das obere Dantien dem Stirnchakra.

Dammpunkt Energiepunkt des *Kleinen Energiekreislaufes.* Er liegt in der Mitte der Dammgegend, etwas nach innen. Sein Training ist wichtig bei Prostataleiden.

Dantien Dan = eine durch lange Übung erreichte Kugel mit viel Energie. Tien = das Feld, in dem diese Energiekugel begraben ist. Diese Gebiete werden auch – fälschlicherweise – als »Zinnoberfeld« bezeichnet, aus der irrigen Ansicht, es handle sich um Zinnoberkugeln. Oberes, mittleres und unteres Dantien sind Energiepunkte des *Kleinen Energiekreislaufes.*

Drittes Auge siehe oberes Dantien.

Energiekreisläufe In allen Energiekreisläufen wird das Qi zunächst an einem bestimmten Punkt im Körper gesammelt (meist im unteren Dantien), um dann entlang bestimmter Bahnen durch den Körper wieder an diesen Punkt zurückgeschickt zu werden. Normalerweise kreist das Qi von selbst langsam im Körper, und die meisten Übungen dienen der Beschleunigung dieser Kreisbewegung. Es gibt einfache und sehr komplizierte, relativ ungefährliche, aber auch Kreisläufe, die Qi-Gong-Meistern vorbehalten sein sollten. Am bekanntesten ist der *Kleine Energiekreislauf.*

Energiepunkte Prinzipiell dient jede Stelle der Hautoberfläche dem Austausch von Qi mit dem Kosmos. Es gibt aber einige bevorzugte Austauschstellen, wie etwa die Punkte des *Kleinen Energiekreislaufes* oder auch die Punkte in der Mitte der Hände und der Fußsohlen.

Erdpforten Kleine Flächen in der Mitte der Fußsohlen zum Qi-Austausch mit der Erde. Sie heißen auch »Quellpunkte« oder »sprudelnde Quellen« und sind die Erdpunkte der Nierenmeridiane.

Geschlossene Übungen Sie arbeiten zunächst nur mit dem körpereigenen Qi. Die Energiekreisläufe gehören in diese Kategorie. Die Energiepunkte werden allerdings durch das Üben geöffnet, und es findet sekundär ein verstärkter Qi-Austausch mit dem Kosmos statt.

Gong Feste Übungsregeln und die Zeit, die man sich nimmt, unbewußt mit dem Qi zu arbeiten.

Großer Energiekreislauf Hier werden in den *Kleinen Energiekreislauf* vom Dammpunkt aus die Beine und vom Brustwirbelpunkt aus die Arme mit einbezogen. Er gehört zu den »höherstehenden« Übungen, da sein Training nicht ganz ungefährlich ist. Eine einfache Sonderform ist der im Buch beschriebene *Große Energiekreislauf, der den Meridianen folgt.*

Himmelspforte Anderer Name für Scheitelpunkt, einen Energiepunkt des *Kleinen Energiekreislaufes,* in der Mitte des Scheitels gelegen. Er dient bevorzugt zum Qi-Austausch mit dem Kosmos.

Jadekissen Energiepunkt des Kleinen Energiekreislaufes. Eine Fläche am Hinterhaupt, auf der der Kopf in Rückenlage aufliegt.

Kleiner Energiekreislauf Die taoistische Qi-Gong-Grundübung schlechthin. Das Qi wird, am unteren Dantien beginnend, über den Dammpunkt, den Steißpunkt, das Tor des Lebens, den Brustwirbelpunkt, das Jadekissen, den Scheitelpunkt, das obere und mittlere Dantien wieder zum unteren Dantien geführt. Manchmal wird er auch in umgekehrter Richtung oder mit etwas abgeänderten Punkten empfohlen. Er ist einfach, harmlos und sehr wirkungsvoll.

Kosmische Geräusche Sie sind nicht als »Sphärenklänge« oder ähnliches aufzufassen. Anweisungen wie »kosmische Geräusche wahrnehmen«, »ferne Geräusche wahrnehmen«, »Geräusche am Rande des Kosmos wahrnehmen« sollen dazu anregen, in den Kosmos hineinzuhören, mit ihm für kurze Zeit einszuwerden. Genauso könnte man in den »Kosmos riechen« oder in die »Unendlichkeit blicken«.

Laugunpunkte siehe Menschenpforten.

Menschenpforten Energiepunkte in der Mitte der Hände. Sie sind Stellen des Austausches mit anderen Menschen. Man nennt sie auch Laugunpunkte.

Meridiane Wie das Blut in den Adern und die Lymphe in den Lymphbahnen, so fließt das Qi vorwiegend entlang der Meridiane, die wie Flüsse den Körper durchziehen. Sie liegen sowohl an der Körperoberfläche wie innerhalb des Körpers und verbinden beispielsweise bestimmte Hautpunkte mit inneren Organen, was sich die Akupunktur zunutze macht, indem sie die Punkte reizt, um den Energiefluß anzuregen.

Mittleres Dantien Energiepunkt des *Kleinen Energiekreislaufes,* in der Mitte des Brustbeins gelegen.

Oberes Dantien Energiepunkt des *Kleinen Energiekreislaufes.* Er wird auch als »Drittes Auge« bezeichnet und liegt an der Nasenwurzel, zwischen den Augenbrauen. Hinter dem Dritten Auge liegt die Hirnanhangdrüse (Hypophyse).

Offene Übungen Sie streben direkt eine Öffnung der Energiepunkte und einen Qi-Austausch mit dem Kosmos an. Es sind fast durchweg »höherstehende«

Übungen, und viele von ihnen sind mit bestimmten Atemtechniken verbunden.

Pforten Energiepunkte, die nicht dem ständigen Austausch dienen, sondern je nach Bedarf geöffnet oder geschlossen werden können. Die wichtigsten sind Menschenpforte, Himmelspforte und Erdpforte.

Qi Der allgegenwärtige feinste Stoff im Kosmos, die Lebensenergie schlechthin. Wörtlich übersetzt heißt Qi soviel wie: Luft, Gas, Dampf des Getreides, Lebenskraft. Das Qi wird durch die Vorstellung (nicht den Willen!) bewegt und verändert. Man unterscheidet verschiedene Arten von Qi: z. B. »schützendes«, »nährendes«, »schädliches« oder »schwarzes« Qi. Auch das Qi unterliegt im Kosmos ständigen Kreisläufen und Umwandlungsprozessen. Wie der Mensch Sauerstoff einatmet und Kohlendioxid ausatmet und Pflanzen umgekehrt atmen, so ist das »schädliche«, »verbrauchte« Qi eines Organismus lebenswichtig für einen anderen.

Qi-Gong Methoden und Techniken, mit dem Qi zu arbeiten. Es gibt viele Richtungen des Qi-Gong, je nach Klöstern, in denen es gelehrt wurde. Jede Kaiserdynastie hatte ihre speziellen Qi-Gong-Meister. Die Übungen können buddhistischen oder taoistischen Ursprungs sein, und es gibt bewegungsreiche wie die Kranichübungen oder bewegungsarme wie die des »stillen Qi-Gong«.

Qi-Grube Energiepunkt innerhalb des Körpers zwischen Tor des Lebens und Nabel, zwischen den Nieren gelegen. Wichtiger Übungspunkt bei Nierenleiden.

Scheitelpunkt Himmelspforte, Energiepunkt des *Kleinen Energiekreislaufes* am höchsten Punkt des Kopfes. Treffpunkt aller Meridiane.

Steißbeinpunkt Energiepunkt des *Kleinen Energiekreislaufes,* liegt an der Steißbeinspitze.

Stilles Qi-Gong Eine spezielle, bewegungsarme, mehr meditative Form des Qi-Gong.

Tor des Lebens Energiepunkt des *Kleinen Energiekreislaufes* im Lendenwirbelsäulenbereich, etwa gegenüber dem Nabel gelegen. Seine Übung ist wichtig bei Nierenleiden.

Unteres Dantien Anfangs- und Endpunkt des *Kleinen Energiekreislaufes.* Er liegt etwa handbreit unter dem Nabel innerhalb des Unterbauches, etwa zwischen Blase und Dickdarm, von individuell unterschiedlicher Größe und Lage.

NÜTZLICHE ADRESSEN

Nachfolgend finden Sie einige Anschriften von Personen und Institutionen, die Kurse anbieten und deren Qualifikation ich zu schätzen gelernt habe.

Großmeister Zhi-Cang Li
Qi-Gong-Institut Li
(Ton- und Videokassetten erhältlich)
Görzer Straße 181
81549 München
Telefon 0 89 / 68 25 67

Seminare mit Großmeister Li organisiert auch:

Inka Jochum
Gesundheitszentrum Schwabing
im Holiday Inn
Leopoldstraße 194
80804 München
Telefon 0 89 / 3 68 98 04 (7.00–23.00 Uhr)

Seminare mit anderen Qi-Gong-Meistern (z. B. Meisterin Ma Hui Wen oder Großmeister Liu Han Wen) organisiert:

Ursula Stummvoll
(Skripten über Chan Mi Gong erhältlich)
Osterberg 7
83703 Gmund am Tegernsee
Telefon 0 80 22 / 7 59 33

Petra Hinterthür
(Kranichübungen)
Brodersweg 3
20148 Hamburg
Telefon 0 40 / 45 65 75

Ornella Sottocorna
In der Halden 18
CH-8603 Schwarzenbach
Telefon 01 / 8 25 18 10

Anfragen richten Sie bitte an den Autor:

Dr. med. Joachim Pongratz
Stürzerstraße 1
80689 München
Telefon 0 89 / 5 80 43 52